미국변호사 **박유진**

- U.S. Attorney(캘리포니아주, 2008년~), Juris Doctor
- U.S. District Courts, Central District of California 등록 변호사(2008년~)
- [전문분야] 상속법/가업승계/상속절세플래닝 (Estate Planning/Business Succession/Estate Tax Planning)
- (현) Han & Park Law Group (U.S. California) 대표 변호사
- (현) U.S. Gospel Broadcasting Company 법률자문방송 고정출연 (미국 상속법)
- (현) U.S. Estate Planning Seminar 연사 (미국 상속법) 로 매해 10회이상 강연
- (현) LA County Bar Association 소속 (상속법 전문)

미국변호사 **박하얀**

- U.S. Attorney(캘리포니아주, 2008년~), Juris Doctor
- U.S. District Courts, Central District of California 등록 변호사(2009년~)
- [전문분야] 회사법/상속법(Business Succession/Estate Planning)
- (현) Han & Park Law Group (U.S. California) 파트너 변호사
- (현) 한 앤 박 법률그룹 외국법자문법률사무소(Korea) 대표 변호사
- (현) U.S. Korea Daily 칼럼니스트 (미국 상속법)
- (현) U.S. Morning News 칼럼니스트 (미국 상속법)
- (현) 한림대학교 미국법학과 겸임 교수

한국과 미국의 상속 · 증여, 차이를 알면 답이 보인다

한국과 미국의 상속·증여, 차이를 알면 답이 보인다

2024년 10월 22일 초판 발행
2025년 2월 27일 초판 2쇄 발행

지 은 이 | 김상훈, 박유진, 박하얀
발 행 인 | 이희태
발 행 처 | 삼일피더블유씨솔루션
등록번호 | 1995.6.26.제3 - 633호
주   소 | 서울특별시 용산구 한강대로 273 용산빌딩 4층
전   화 | 02)3489 - 3100
팩   스 | 02)3489 - 3141
가   격 | 29,000원

ISBN 979-11-6784-312-8   03320

한국과 미국의 상속 · 증여, 차이를 알면 답이 보인다

김상훈 · 박유진 · 박하얀 지음

머 리 말

　우리 주변을 돌아보면 한국과 미국 양쪽 국가에서 밀접한 관계를 맺고 살아가는 사람들을 많이 볼 수 있다. 국적은 한국인인데 미국에 거주하거나 아예 한국 국적을 포기하고 미국시민권을 취득하는 사람들도 많고, 한국과 미국을 오가면서 사업을 하는 사람들도 늘어나고 있다. 그러다 보니 한국과 미국 양쪽에 걸쳐서 생활하고 재산도 양쪽에 가지고 있는 사람들의 모습은 이제 익숙한 풍경이 되었다.

　우리는 한국과 미국의 변호사들로서 오랜 기간 상속, 증여, 신탁 분야의 업무를 해왔다. 그러면서 느꼈던 점은, 한국과 미국 양쪽에 걸쳐 발생한 재산문제를 해결하려고 하거나, 그러한 문제를 미연에 방지하고자 하는 사람들이 매우 많다는 것이다. 그런데도 이런 중요한 문제를 제대로 해결하지 못하여 불만스러워 하는 고객들이 너무 많다는 점 또한 절실히 느꼈다. 이와 같은 어려움이 발생하는 근본적인 이유는, 미국 변호사는 미국법에 대해서만 알 뿐 한국법에 대해서는 알지 못하고, 반대로 한국 변호사는 한국법에 대해서만 알 뿐 미국법에 대해서는 알지 못하기 때문이다. 상황이 이러하니 어디에서도 제대로 된 종합적인 솔루션을 제공해 주지 못하고 있는 것이 현실이다.

　우리는 한국과 미국의 유산상속 문제에 관해 오래 전부터 함께 협업을 해오면서 이러한 문제들을 해결해 왔다. 그렇지만 우리에게 직접적인 도움을 받지 못하는 분들에게도 기본적인 방향제시는 해주는 것이 우리의 사명이라는 생각에서 그 동안 우리가 실무를 통해 얻은 노하우들을 정리하기로 마음먹었다. 이 책은 바로 그러한 노력의 결과물이다.

이 책은 한국과 미국의 상속, 증여, 신탁에 관한 기본개념과 상속플래닝, 분쟁해결, 그리고 상속세와 증여세에 대해 설명하고 있다. 이 책의 특징은 각 챕터마다 먼저 간단한 사례를 제시함으로써 독자들이 쟁점을 보다 쉽게 이해할 수 있도록 했다는 점이다. 각 사례에 대해 한국에서는 어떻게 해결하고, 미국(캘리포니아주)에서는 어떻게 해결하는지에 관해 비교하면서 이해할 수 있도록 설계했다. 이런 방식을 통해서 하나의 문제에 대해 한국과 미국의 법제와 세제상의 차이점을 명확하게 알 수 있을 것이다.

이 책은 변호사나 세무사를 위한 전문서적이 아닌, 실생활에서 문제에 봉착한 고객들을 위한 지침서에 가깝다. 그러나 한국의 전문가 또는 미국의 전문가들의 입장에서도 상대방 국가의 상속, 증여, 신탁에 관한 실무를 알고자 할 때 기본적인 도움을 얻을 수는 있을 것이다. 이 책이 한국과 미국에 걸친 유산상속 문제로 고통받는 분들에게 작은 도움이라도 될 수 있기를 바란다. 끝으로 내용이 너무 어렵지 않고 일반인의 눈높이에 맞도록 아낌 없는 조언을 해준 박윤규 팀장님(한국산업은행)에게 이 자리를 빌어 감사의 인사를 전한다.

2024년 10월

저자일동

CONTENTS

CHAPTER **Ⅱ**
상속플래닝

CONTENTS

CHAPTER Ⅲ
상속분쟁

한국과 미국의 상속·증여, 차이를 알면 답이 보인다

CHAPTER I

기초 법률 제도 및 개념 설명

Ⅰ 한국편

01 / 상속의 원칙 : 당연 포괄승계의 원칙과 상속포기·한정승인

한국에서는 피상속인(부모)이 사망하면 그 순간 바로 상속이 발생합니다. 즉 상속인인 자녀가 부모의 사망 사실을 알든 모르든 부모의 모든 재산과 채무가 상속인에게 당연히 승계됩니다. 이를 당연 포괄승계의 원칙이라 합니다. 상속을 받기 위해 미국처럼 Probate Court(상속법원)에서 특정한 Probate(상속법원 검인절차)를 거쳐야 하는 시스템이 아닙니다.

이와 같이 한국에서는 피상속인의 채무까지 모두 상속을 받는 것이 원칙이기 때문에 채무를 상속받고 싶지 않은 경우에는 일정한 법적 절차를 거쳐야만 합니다. 즉 상속을 모두 포기하려면 피상속인이 사망한 날로부터 3월 내에 가정법원에 상속포기신고를 해야 합니다(민법 제1041조).

그런데 피상속인의 모든 재산과 채무를 포기하고 싶지는 않고, 피상속인으로부터 상속받은 재산 범위 내에서만 상속채무를 부담하고 싶을 때에는 한정승인을 하면 됩니다. 즉 한정승인을 하면 상속인은 상속으로 인하여 취득할 재산의 한도에서 피상속인의 채무를 변제하면 됩니다(민법 제1028조). 이것도 피상속인이 사망한 날로부터 3월 내에 가정법원에 한정승인신고를 해야 합니다(민법 제1030조).

02 / 법정상속제도

한국에서는 유언장을 작성하지 않으면 민법에서 정한 상속인에게 법정상속분에 따라 상속이 이루어집니다. 이를 법정상속이라 합니다(미국의 무유언상속과 유사하다고 보시면 되겠습니다). 1순위 상속인은 직계비속(자녀), 2순위 상속인은 직계존속(부모), 3순위 상속인은 형제자매, 4순위 상속인은 4촌 이내 친척입니다(제1000조). 그리고 배우자는 자녀가 있으면 자녀와 함께 1순위 상속을 받게 되고, 자녀가 없으면 부모와 함께 상속을 받게 됩니다(제1003조).

법정상속분은 자녀들 간에는 아들과 딸, 장남과 차남, 적자와 서자의 차별 없이 모두 동등하지만, 배우자의 경우에는 0.5를 가산하여 줍니다(제1009조). 따라서 자녀가 1명이면 배우자가 3/5, 자녀가 2/5를 상속받고, 자녀가 2명이면 배우자가 3/7, 자녀들이 각각 2/7씩 상속받습니다. 자녀가 많을수록 배우자의 상속분이 줄어드는 결과가 됩니다. 만약 남편이 사망했는데 자녀는 없고 시

자녀가 3명인 경우 상속분은 배우자가 3/9이고, 자녀들이 각 2/9씩입니다. 자녀가 4명인 경우에는 배우자가 3/11이고, 자녀들이 각 2/11씩입니다.

부모만 있는 경우에는 배우자(며느리)가 3/7, 시부모가 각각 2/7 씩 상속받습니다(시어머니만 있는 경우에는 배우자가 3/5, 시어 머니가 2/5). 참고로 사실혼 배우자에게는 상속권이 없습니다. 따 라서 혼인신고를 한 배우자만이 상속권을 주장할 수 있습니다.

한편 상속인이 될 자녀가 피상속인의 사망 전에 먼저 사망한 경 우에는 그 자녀의 자녀(피상속인의 손자녀)와 그 자녀의 배우 자(피상속인의 며느리 또는 사위)가 대신 상속을 받게 되는데, 이 를 대습상속이라 합니다(제1001조).

03 부부재산제도 : 특유재산 vs. 공동재산

한국의 부부재산제도는 미국과 달리 통일적이지 않고 크게 3가지 국면에서 차이가 발생합니다. ① 혼인 중인 경우, ② 이혼하는 경우, ③ 배우자 일방이 사망하여 상속이 일어난 경우가 그것입니다.

> 특유재산은 미국의 Separate Property (개인재산)와 유사

먼저 혼인 중인 경우에는 '부부별산제'가 적용되어 부부의 일방 이 혼인 전부터 가진 재산과 혼인 중 자기 명의로 취득한 재산(이 것을 '특유재산'이라고 합니다)은 각자 관리, 사용, 수익할 수 있 습니다. 이러한 특유재산은 미국의 Separate Property(개인재 산)와 유사한 것으로 보시면 됩니다.

다음으로 이혼을 하는 경우에는 별산제가 적용되지 않고 캘리 포니아주와 같은 'Community Property(실질적 공동재산제)'가

적용됩니다. 따라서 아무리 특유재산이라 하더라도 이혼할 때에는 재산분할의 대상이 될 수 있습니다. 즉 그 특유재산의 가치를 유지하고 증대시키는 데 상대방 배우자의 기여가 인정될 경우에는 그 재산도 재산분할의 대상으로 보고 있습니다.

마지막으로 배우자 중 한 사람이 먼저 사망한 경우에는 혼인 중인 경우와 마찬가지로 별산제가 적용됩니다. 즉 사망한 배우자의 명의로 된 재산은 모두 그 사망한 배우자의 개인재산으로 보아 상속재산에 편입되고 결국 상속인들의 분할대상이 됩니다. 그러나 생존 배우자의 명의로 되어 있던 재산은 상속재산에 포함되지 않고 그 생존 배우자가 계속 단독으로 소유할 수 있습니다.

04 유언의 방식

한국의 유언은 총 5가지 방식이 있습니다. 자필유언, 공증유언, 녹음유언, 비밀유언, 구수유언이 그것입니다(제1065조). 아래 유언의 요건들 중 하나라도 위반하면 유언 전체가 무효가 되며, 위 5가지 방식 이외의 방식으로 작성한 유언도 무효입니다. 이 중에서 가장 일반적으로 사용되는 것은 자필유언과 공증유언입니다.

❶ _____ 자필유언은 유언자가 문서 전체를 직접 필기하여 작성하여야 하는데, 특히 연월일과 주소, 성명을 기재하고 날인을 하여야 합니다. 날인을 해야 하기 때문에 도장이 아닌 사인은 안됩니다(제1066조). 워드프로세서로 작성한 것은 자필이 아니기 때문

에 무효입니다. 자필이기만 하면 외국어로 작성해도 무방합니다.

❷ _____ 공증유언은 유언자가 공증인의 면전에서 직접 유언의 취지를 말하고 공증인이 그 내용대로 유언장을 만드는 것인데, 반드시 증인 2사람이 필요합니다(제1068조). 이 때 상속인이나 수유자(유증을 받는 사람)는 증인이 될 수 없습니다. 공정증서는 반드시 한국어로 작성되어야 합니다.

❸ _____ 녹음유언은 유언자가 유언의 내용과 성명, 연월일을 말하고 증인(1인 이상)이 유언의 정확함과 자신의 성명을 말해야 합니다(제1067조). 녹음은 외국어로 해도 무방합니다. 녹음과 녹화는 효력상의 차이는 없습니다. 녹화를 하더라도 소리도 반드시 녹음이 되어야만 녹음유언으로서 효력이 생깁니다.

❹ _____ 비밀유언은 유언자가 자신의 성명을 기재한 증서를 봉한 후 날인하고, 이를 2인 이상의 증인의 면전에 제출하여 자기의 유언임을 표시한 후 그 봉서 표면에 유언서의 제출 연월일을 기재하고 유언자와 증인이 각자 서명하고 날인해야 합니다. 비밀유언은 그 표면에 기재된 날로부터 5일 내에 공증사무소나 가정법원에 제출하여 봉인상에 확정일자를 받아야 합니다(제1069조). 비밀유언은 반드시 자필일 필요는 없고 워드프로세서를 이용하거나 대필(다른 사람이 대신 작성)도 가능합니다.

❺ _____ 구수유언은 질병 그 밖의 급박한 사유로 인하여 위 4가지 방식에 의해 유언할 수 없을 경우에 허용되는 것으로서, 유

언자가 2인 이상의 증인의 참여하에 유언의 취지를 말하고 그 말을 들은 증인이 이를 적는 방식입니다. 그리고 증인은 급박한 사유가 종료한 날로부터 7일 이내에 법원에 그 유언장의 검인을 신청해야 합니다(제1070조).

이 유언들 사이에 효력상의 차이는 없습니다. 즉 어떤 유언이 다른 유언에 비해 더 우월한 것은 없습니다. 따라서 둘 이상의 유언이 존재한다면 무조건 가장 마지막에 작성된 유언장이 유효합니다. 공증유언을 먼저하고 나중에 자필유언을 했더라도 나중에 작성한 자필유언이 우선하게 됩니다. 즉 공증유언을 변경하기 위해서 반드시 공증유언을 해야만 하는 것은 아닙니다. 그렇지만 실무상으로는 다른 유언들에 비해 공증유언에 보다 더 높은 신뢰를 부여하기 때문에 나중에 발생할지도 모르는 분쟁을 대비하고자 한다면 공증유언을 하는 것을 권해드립니다.

만약 미국에 살면서 한국에 오지 않고 한국 유언을 하고자 한다면, 위 방식들 중 자필유언이나 녹음유언을 할 수 있습니다. 그러나 자필유언이나 녹음유언을 한 경우에는 유언자 사후에 그 유언을 소지한 사람이 한국의 가정법원에 유언검인을 신청해야 합니다. 유언검인을 받지 않으면 상속등기나 예금인출 등 유언집행을 할 수 없습니다. 유언검인을 받는 데에는 대략 3개월 정도의 시간이 걸립니다. 뿐만 아니라 검인기일에 상속인들이 법원에 출석하여 해당 유언에 대해 이의가 있음을 주장할 경우에는 그 유언대로 집행이 안됩니다. 이렇게 되면 결국 유언효력확인소송을 제기하여 승소판결을 받아서 집행을 하는 수밖에 없습니다. 이런 복잡한 절차를 거치지 않고 곧바로 유언집행을 하고자 한다면 공증유언을 해야 합니다. 이처럼 유언집행상의 편리함이라는 측면에서도 공증유언이 유리합니다.

05 상속재산에 관한 소송 유형

" 유류분 : 미국과 가장 큰 차이점 "

피상속인(부모)이 돌아가시면서 재산을 남긴 경우에는 상속인들끼리 상속재산을 분할해야 합니다. 만약 피상속인이 유언을 남겼다면 그 유언대로 재산을 나누어야 하는데, 유언으로 인해 재산을 상속받지 못한 상속인은 유류분을 청구할 수 있습니다. 이것이 미국과 가장 큰 차이점입니다(미국에서는 부모가 유언으로 전 재산을 어떤 사람에게 주더라도 다른 상속인이 유류분 등 이의제기를 할 수 없습니다). 한편 상속인 중 한 사람이 자신의 상속분을 초과하여 상속재산을 취득한 경우에 다른 상속인이 이에 대해 자신의 정당한 상속권을 되찾기 위해 소송을 할 수도 있는데 이것이 상속회복청구입니다. 이하에서는 이러한 소송유형에 대해 간략히 설명드리겠습니다.

❶ ____ 상속재산분할심판청구

일단 피상속인(부모)이 사망하여 상속이 개시되면 상속인들 간에 상속재산을 분할하기 위한 협의를 하여야 합니다. 그런데 협의가 안될 경우에는 가정법원에 상속재산분할심판을 청구해야 합니다(제1013조, 제269조). 상속인들끼리 어떻게 분할해야 할지 협의가 되지 않으니까 법원에서 적절하게 분배해달라는 청구입니다. 만약 상속인들 중에 상속재산 형성에 기여가 있거나 피상속인을 특별히 부양한 사람이 있으면, 그 사람은 기여분을 청구할 수 있습니다(제1008조의2).

❷ ───── 유언효력(무효)확인청구

피상속인이 유언을 남긴 경우, 그 유언에 대해 이의가 있는 사람은 유언무효확인을 청구할 수 있습니다. 한편 유언대로 집행을 하고자 하는 사람은 이에 반대하는 상속인을 상대로 유언효력확인청구를 할 수 있습니다. 유언이 무효가 되면 상속인들은 상속재산을 법정상속분에 따라 나누어 가지게 됩니다.

❸ ───── 유류분반환청구

피상속인은 자신의 재산에 대한 자유로운 처분권한이 있지만, 상속인들의 상속에 대한 기대권을 보호하기 위해 최소한 법정상속분의 1/2만큼은 받을 수 있도록 하는 제도가 있는데, 이것이 바로 유류분입니다. 따라서 피상속인의 생전증여나 유언으로 인해 자신의 법정상속분의 1/2을 받지 못하게 된 상속인은 생전증여나 유언을 받은 다른 상속인을 상대로 유류분반환을 청구할 수 있습니다(제1115조).

❹ ───── 상속회복청구

정당한 상속인이 참칭상속인(법률상 상속을 받을 자격이 없는 상속인, 예컨대 상속결격자, 후순위상속인 등)으로 인하여 자신

> **참칭상속인 :**
> 법률상 상속을 받을
> 자격이 없는 상속인,
> 예컨대 상속결격자,
> 후순위상속인 등

의 상속권이 침해된 때에는 그 침해를 안날로부터 3년, 침해행위가 있은 날로부터 10년 내에 상속회복청구의 소를 제기할 수 있습니다(제999조). 상속회복청구소송은 이러한 기간을 반드시 지켜야 하고 이 기간이 지나면 권리가 소멸합니다.

06 과세방식

예를 들어, 4인 가족 중 남편 사망 후 14억원 가치의 남편 명의 부동산이 남은 가족(배우자, 자녀 2인)에게 상속되었을 때, 배우자는 6억원을 상속받고 자녀들은 각각 4억원씩 상속받습니다. 따라서 배우자는 6억원 전액 공제를 받을 수 있고, 자녀들은 일괄하여 5억원을 공제받을 수 있기 때문에, 결론적으로 3억원에 대해서 상속세를 부담하게 됩니다.

한국에서는 기본적으로 상속세율과 증여세율이 동일합니다. 즉 상속재산이나 증여재산이 1억원 이하인 경우에는 10%, 1억원에서 5억원 사이인 경우에는 20%, 5억원에서 10억원 사이인 경우에는 30%, 10억원에서 30억원 사이인 경우에는 40%, 30억원을 넘는 경우에는 50%의 세율이 적용됩니다.

다만 공제범위는 다릅니다. 상속세의 경우에는 배우자 공제가 최소 5억원에서 최대 30억원까지이고, 자녀의 경우 자녀수와 상관없이 5억원을 일괄 공제해줍니다. 그러나 증여세의 경우에는 자녀 1인당 5천만원까지(미성년자녀의 경우 2천만원), 배우자는 6억원까지 공제가 됩니다. 그리고 이러한 증여세 공제혜택은 10년 단위로 리셋이 되기 때문에 10년마다 이와 같이 공제를 받으며 증여를 할 수 있습니다.

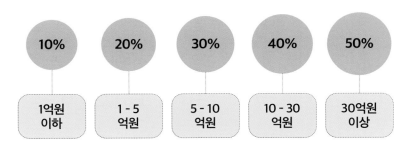

10%	20%	30%	40%	50%
1억원 이하	1 - 5 억원	5 - 10 억원	10 - 30 억원	30억원 이상

그리고 미국과 달리 한국에서는 Beneficiary(수증자)가 증여세의 납세의무자입니다. 따라서 부모가 자녀에게 증여를 할 경우 자녀가 증여세를 낼 돈이 없어서 그 돈을 부모가 대신 내주면 그 대신 내준 돈에 대해서도 증여세가 나옵니다. 그래서 경제력이 없는 자녀에게 증여를 할 경우에는 증여세를 포함한 돈을 증여하는 것이 일반적입니다. 한편 상속세의 경우에는 상속인들이 전체 상속재산에 대해 연대납세의무를 부담하기 때문에, 상속인들은 서로 상속세 전액에 대한 납부의무를 지게 됩니다. 즉 자신이 상속받은 재산에 대한 상속세만 낸다고 끝나는 것이 아니라는 점을 유의하셔야 합니다.

▶▶▶ 재산의 무상이전과 세금문제

부모가 소유한 부동산을 상속으로 물려주는 경우와 증여로 물려주는 경우에 자녀가 납부해야 할 세금에 차이가 생길 수 있습니다. 일단 부동산은 시간이 흐를수록 가격이 상승할 가능성이 높은 자산입니다. 따라서 부모가 사망할 때 물려주는 것보다는 살아 있을 때 증여해 주는 것이 세금이 더 적을 가능성이 높습니다. 또한 부모가 사망하기 10년 이전에 증여를 하면 그 증여재산은 상속재산에 가산되지 않기 때문에 상속세 누진과세의 대상에서 벗어날 수 있습니다. 또한 자녀가 여러 명일 경우 그 자녀들에게 부동산을 각각 물려주거나 지분을 물려줄 때에도 증여가 상속보다 세금이 더 적습니다. 왜냐하면 증여세는 수증자(자녀)들이 각자 받는 재산가액에 대해서 개별적으로 부과되지만, 상속세는 전체 상속재산에 대해서 한번에 부과되기 때문입니다(유산세방식).

> "
> 상속세는 전체
> 상속재산에 대해서
> 한번에 부과
> (유산세방식)
> "

▶ ▶ ▶ 한국의 양도소득세

양도소득세는 기본적으로 미국과 큰 차이가 없습니다. 부모가 가진 부동산을 매각해야 할 경우, 부모가 매각해서 양도소득세를 납부한 다음에 남은 돈을 자녀에게 증여하는 경우보다는, 소득이 낮은 자녀에게 부동산을 증여한 후 자녀로 하여금 매각하도록 하는 것이 양도소득세가 더 적게 나올 것입니다. 다만 양도소득세는 적게 나오더라도 증여세가 훨씬 많이 나올 수 있기 때문에 플랜을 세울 때 미리 예상되는 증여세와 양도소득세를 비교한 후에 결정할 필요가 있겠습니다.

07 유언대용신탁

한국에서는 그 동안 Trust(신탁)가 금융이나 부동산 분야에서 주로 사용되어 왔습니다. 그런데 2011년 신탁법 전면개정으로 인해 상속이나 증여의 수단으로 신탁을 활용하는 길이 열렸습니다. 그것이 바로 유언대용신탁입니다(신탁법 제59조). 유언대용신탁은 위탁자(통상 부모)가 자기 재산을 Trustee(수탁자)에게 맡기면서 본인 생전에는 신탁수익을 자신(생전수익자)이 받고, 본인 사후에는 사후수익자(보통 자녀)에게 신탁수익이 이전되도록 하는 것을 말합니다. 미국에서 많이 사용하는 Living Trust와 유사한 제도라고 보시면 됩니다.

유언대용신탁에서는 누가 수탁자가 될 수 있는지 궁금해하시는 분들이 많습니다. 보통은 은행이나 증권사가 수탁자가 되는 경우가 많지만, 반드시 그렇게 해야 하는 것은 아닙니다. 친구나 친척 등 일반 개인도 얼마든지 수탁자가 될 수 있습니다. 다만 신탁재산이 많거나, 전문적인 관리가 필요하거나, 투자가 필요한 경우에는 신탁수수료를 내더라도 금융기관을 수탁자로 하는 것이 좋습니다. 그리고 개인을 수탁자로 할 경우에는 그 개인 수탁자가 신탁재산을 제대로 관리하는지, 혹시 횡령 등의 문제가 발생하지는 않을지 우려가 될 수도 있습니다. 이러한 수탁자의 의무와 신탁위반행위 등에 대한 자세한 사항은 뒤에서 따로 설명하도록 하겠습니다.

> 미국에서 많이 사용하는 Living Trust와 유사한 제도

08 성년후견

정신적 제약이 있는 경우
에만 성년후견이 개시
미국의 Conservatorship
(성년후견제도)과의
차이점

질병, 장애, 노령 등의 사유로 인한 정신적 제약으로 사무를 처리할 능력이 지속적으로 결여된 사람을 위하여 가정법원은 후견인을 정해줍니다. 정신적 제약이 있는 경우에만 성년후견이 개시되기 때문에, 신체적 제약만 있는 경우에는 허용되지 않습니다. 이것이 미국의 Conservatorship(성년후견제도)과의 차이점입니다. 후견인을 필요로 하는 사람을 피후견인이라 합니다.

후견인은 피후견인의 재산을 관리하며 피후견인의 재산에 관한 법률행위에 대하여 피후견인을 대리합니다. 그리고 후견인은 피후견인의 신상보호 업무도 처리합니다. 원래 피후견인은 자신의 신상에 관하여 그의 상태가 허락하는 한 단독으로 결정할 수 있습니다. 그러나 피후견인이 스스로 결정할 수 없는 상태인 경우에는 후견인이 피후견인을 위해 입원, 치료 등 신상에 관한 결정을 할 수 있습니다.

성년후견은 피후견인의 가족이 신청하는 것이 일반적입니다. 피후견인이 치매로 인해 재산을 낭비하거나 사기를 당할 위험을 막기 위해서, 또는 가족 중 한 사람이 피후견인의 신병을 확보하고 있는 상태를 악용하여 피후견인으로부터 재산을 증여받거나 자신에게 유리한 유언장을 쓰도록 하는 것을 막기 위해 성년후견신청을 하는 경우가 많습니다. 또는 사업가인 피후견인이 정신장애로 인해 회사의 업무를 처리하지 못하는 상황을 해결하기 위해서 성년후견신청을 하기도 합니다.

어떤 사람이 후견인이 되는 것인지 궁금해하는 분들이 많습니다. 원칙적으로는 피후견인에게 가장 적절하다고 판단되는 사람을 가정법원에서 후견인으로 정합니다. 다만 가족들이 모두 동의하는 사람(ex : 아내, 딸 등)이 있는 경우에는 그 사람을 후견인으로 정하는 것이 일반적입니다. 그러나 가족 간에 후견인을 둘러싸고 이견이 분분할 경우에는 변호사나 법무사 등 전문가 후견인을 선임하는 경우가 많습니다.

09 국적과 거주의 문제

피상속인이 남긴 상속재산에 관하여 상속인 간에 분쟁이 발생했을 때, 한국의 상속법이 적용될지 미국의 상속법이 적용될지의 문제를 Governing Law(준거법)라 합니다. 한국의 국제사법에 따르면 준거법은 피상속인의 국적에 따라 결정됩니다. 즉 상속은 사망당시 피상속인의 본국법(국적법)에 따릅니다(국제사법 제77조). 따라서 피상속인이 사망당시 한국국적자라면 아무리 자녀들이 미국 시민권자나 영주권자라도 한국의 상속법에 따라야 합니다(피상속인이 한국과 미국 이중국적자인 경우에도 한국법이 적용됩니다). 그렇기 때문에 미국에는 존재하지 않는 유류분반환청구도 가능하고, 배우자상속을 비롯한 법정상속분, 유언의 효력, 상속재산분할청구, 상속회복청구, 상속포기나 한정승인 등도 모두 한국법에 따르게 됩니다.

> " 한국의 상속법이 적용될지 미국의 상속법이 적용될지의 문제 : Governing Law(준거법) "

그러나 이것은 어디까지나 상속재산을 어떻게 배분하고, 상속재산에 대한 권리 침해를 어떻게 구제할 것이냐의 문제일 뿐, 세금과는 전혀 무관합니다. 상속세나 증여세 등 세금은 국적이 아닌 거주의 문제입니다. 즉 피상속인이 사망 당시 한국 거주자였다면 아무리 그가 미국 시민권자라 하더라도 한국에 상속세를 납부해야 합니다. 그리고 증여세의 경우에는 증여를 받는 수증자가 한국 거주자라면 그 수증자는 한국에 증여세를 내야 합니다(미국에서는 증여자가 증여세를 내는 반면, 한국에서는 수증자가 증여세를 냅니다). 한국과 미국의 세금이 다르기 때문에 한국 거주자인지 미국 거주자인지에 따라 세금 액수에 엄청난 차이가 발생할 수 있습니다. 한국의 상속세·증여세가 미국에 비해 훨씬 높기 때문에 대체로 한국 거주자가 되는 것이 불리한 경우가 많지만, 항상 그런 것은 아닙니다. 배우자 상속공제와 같이 한국 거주자인 경우에만 받을 수 있는 혜택도 있기 때문입니다. 따라서 본인의 경우에는 한국 거주자가 되는 것이 유리한지 비거주자가 되는 것이 유리한지를 먼저 따져보고 전문가와 상의하여 플랜을 마련하는 것이 중요합니다.

10 / 한국의 가정법원과 민사법원

한국에서 가족문제 내지 가족의 재산문제를 다루는 법원은 크게 두 가지입니다. 하나는 가정법원이고 다른 하나는 일반 민사법원이다. 가정법원에서는 이혼, 후견, 친자, 양자 등 친족법상의 이슈들을 전담해서 다루며, 상속재산분할이나 유언검인 등 상속법상의 이슈 중 일부를 다룹니다. 한편 상속법상의 이슈들 중에 유류분소송이나 상속회복청구소송, 유언효력확인소송 등은 가정법원이 아닌 민사법원에서 처리합니다.

이와 같이 상속 사건을 처리하는 법원이 이원화되어 있기 때문에 불편한 문제가 생기기도 합니다. 예를 들어 아버지가 돌아가시면서 유산을 남기셨는데 아버지가 생전에 장남에게 많은 재산을 증여한 경우에 다른 형제들은 장남을 상대로 상속재산분할청구와 유류분청구를 해야 합니다. 그런데 상속재산분할청구는 가정법원에 제기해야 하고 유류분청구는 민사법원에 제기해야 하기 때문에 실질적으로 사실관계가 동일한 하나의 사건을 두개의 서로 다른 법원에서 판단을 하게 되는 일이 생깁니다. 그래서 실무상으로는 유류분 사건을 재판하는 법원은 상속재산분할 재판이 끝날 때까지 사건을 중지하고 기다렸다가 상속재산분할 재판 결과를 반영해서 유류분 재판을 하고 있습니다.

이러한 불편함을 해결하기 위해 법무부 가사소송법 개정위원회에서는 상속재산분할 사건을 담당하는 가정법원에서 유류분 사건도 함께 재판할 수 있도록 하는 제도를 마련했습니다. 필자도 가사소송법 개정위원으로서 이 개정작업에 참여했었는데, 아쉽게도 이 개정안은 국회에서 통과가 되지 못하고 자동 폐기된 상태입니다. 그러나 앞으로 이러한 개정이 이루어질 가능성은 매우 높다고 생각합니다.

11 / 유류분에 관한 헌법재판소 결정의 의미와 영향

2024년 4월 25일 헌법재판소에서는 유류분제도에 대해 위헌 및 헌법불합치 결정을 내렸습니다. 이것은 워낙 중요한 결정이기 때문에 이러한 결정의 의미와 이것이 앞으로 우리에게 어떤 영향을 미치게 될지에 관해 설명드리도록 하겠습니다. 참고로 위헌결정과 헌법불합치결정 간의 차이점은, 위헌결정은 그 즉시 해당 법률이 효력을 상실하기 때문에 적용을 할 수 없게 되지만, 헌법불합치결정은 현재의 법률이 헌법에 합치하지 않는 상태이기 때문에 제대로 된 입법을 하라는 의무를 국회에 부여하는 것입니다. 따라서 헌법불합치결정에 따라 국회에서 적절한 입법을 하기 전까지는 기존과 동일하게 법적용을 할 수밖에 없습니다.

❶ ＿＿＿ 형제자매에게 유류분을 인정한 것은 위헌

헌법재판소는 민법이 형제자매한테까지 유류분을 인정한 것은 위헌이라고 결정했습니다. 유류분제도의 입법취지(상속재산에 대한 기여+상속에 대한 기대+생존 가족의 부양 필요성)에 비추어 볼 때, 형제자매의 유류분을 인정할 이유가 전혀 없고, 유류분제도를 가지고 있는 나라들 사이에서도 이러한 예를 찾기가 어렵기 때문입니다.

이러한 위헌결정으로 인해 앞으로 보다 자유롭게 사후플랜을 세울 수 있게 되고 기부문화도 활성화될 수 있을 것으로 예측됩니다. 독신으로 사는 사람이나 자녀 없이 부부끼리만 사는 사람들이 점차 늘어나고 있는 상황에서 형제자매의 유류분은 자유로운 사후설계의 큰 걸림돌이었습니다. 자신이 그 동안 모은 재산을 사후에 기부하거나 원하는 사람에게 주고 싶어도 형제자매들이 유류분을 주장하게 되면 온전한 유산정리가 어렵기 때문입니다. 이런 측면에서 형제자매의 유류분에 대한 위헌결정은 사회적으로 바람직한 측면이 크다고 생각되고, 융통성 있는 사후설계를 위해 유언대용신탁을 활용하는 일들이 더욱 많아질 것으로 예상됩니다.

❷ ── 유류분에서 기여분을 인정하지 않는 것은 헌법불합치

헌법재판소는, 기여분에 관한 민법 제1008조의2를 유류분에 적용하지 않는 것은 헌법에 합치하지 않는다고 결정했습니다. 그 동안 기여분은 상속재산분할절차에서만 주장할 수 있었고, 유류분소송에서는 기여분 주장을 허용하지 않았습니다. 유류분절차에서 기여분을 인정할 법적 근거가 없었기 때문입니다.

그러나 상속인 중에는 피상속인의 재산형성에 기여가 있거나 특별히 부양을 한 것에 대한 대가로 재산을 증여받는 경우가 종종 있는데, 이런 재산도 모두 유류분반환대상이 되는 것은 형평에 반한다는 지적이 지속적으로 있었습니다.

그런데 이 부분에 관해 헌법불합치 결정이 내려짐으로써, 국회에서는 유류분에도 기여분을 적용하는 입법을 해야 할 의무가 생겼습니다. 이로 인해 상속인들 간에 실질적인 공평을 기할 수 있게 되었다고 생각됩니다.

다만 이로 인해 앞으로 변호사들은 자신의 의뢰인이 피상속인으로부터 증여받은 재산이 있을 경우 기여의 대가로 받은 것이라는 주장을 해야 할 필요성이 생겼고, 이로 인해 분쟁이 다소간 확대될 위험성도 커졌다고 생각됩니다.

❸ ──── 유류분상실제도를 두지 않는 것은 헌법불합치

헌법재판소는 피상속인을 장기간 유기하거나 정신적·신체적으로 학대하는 등의 패륜적인 행위를 일삼은 상속인의 유류분을 상실시키는 규정을 두지 않은 것은 헌법에 합치하지 않는다고 결정했습니다. 패륜을 저지른 상속인에게까지 유류분을 인정하는 것은 국민의 법감정과 상식에 반하기 때문이라는 것입니다.

> 법무부
> 상속권상실청구제도 :
> 부양의무를 위반한 자에
> 대한 상속권을 상실
> 시키는 제도

사실 이 문제는 법무부에서 마련했던 소위 '구하라법'에서 구현하고자 했던 부분입니다. 당시 저도 법무부 상속권상실청구제도 TF팀(속칭 '구하라법 TF팀')의 일원으로서, 부양의무를 위반한 자에 대한 상속권을 상실시키는 제도를 도입하고자 했습니다. 그러나 이를 상속결격사유로 규정해야 한다는 반대의견 등에 부딪혀서 표류하다가 결국 회기 종료로 자동 폐기되었지요.

이번 헌재 결정으로 인해 국회는 부양의무위반자 등 패륜행위자의 유류분을 상실시키는 입법을 해야 할 의무가 생겼습니다. 그리고 결국 2024년 8월 28일 상속권상실청구제도가 국회 본회의를 통과했습니다. 그 내용은, 상속인이 될 사람이 피상속인에 대해 △부양의무를 위반 △중대한 범죄행위 △부당한 대우를 할 경우 피상속인의 유언이나 공동상속인의 청구에 따라 가정법원이 상속권 상실 여부를 결정하도록 규정하고 있습니다. 이 개정안은 2026년 1월부터 시행됩니다.

한편 이번 결정으로 인해 유류분 분쟁은 더욱 확대되고 격화될 것으로 예상됩니다. 기존에는 어쨌든 유류분만큼은 줄 수밖에 없다고 생각했기 때문에 아무리 못마땅해도 유류분은 지급하고 분쟁을 끝내는 경우도 많았습니다. 그런데 앞으로는 유류분을 주장하는 상속인에 대해서는 부양의무위반 등 패륜행위가 있었음을 이유로 유류분 상실을 주장하는 일이 많아질 것입니다. 그리고 법원은 과연 그러한 패륜행위가 있었는지를 일일이 따져서 판단해야 하는 짐을 추가로 부담하게 될 것입니다.

Ⅱ 미국편 (캘리포니아주)

▶ 미국은 연방제도의 나라입니다. 따라서 연방정부에 내야 하는 세금은 기본이며 상황에 따라 주정부에 내야 하는 세금이 따로 있습니다. 예를 들어 캘리포니아는 주정부에서 매기는 소득세는 따로 있으나 상속세는 따로 없습니다. 본문에서 나오는 세금에 관련된 사항은 미국 연방제도에 맞춘 것입니다. 본서 정보 이해시 유의하시기 바랍니다.

* 미국에서 주정부 기준에서 상속세 혹은 상속인세를 따로 과세하는 주는 총 17주입니다. 이 중 11주는 사망자가 남긴 전체 재산에 대한 상속세를 과세하며, 나머지 6개주는 상속인이 받은 상속금액에 맞춘 "상속인세"를 과세합니다. 피상속인이 사망시 해당 주에 거주했거나 혹은 재산이 있다면 주정부에 상속세 혹은 상속인세를 납부할 의무가 생기게 됩니다. 캘리포니아 주는 상속세를 따로 과세하지 않습니다.

01 미국의 상속세·증여세의 특징

❶ 미국의 상속세·증여세 면제액

미국의 상속세는 사망자가 남긴 재산에 부과되는 세금이며, 상속될 때 그 재산의 가치에 따라 세금이 정해집니다.*

Tax Cuts and Jobs Act of 2017(2017년 조세감면 및 일자리에 관한 법률) 제정으로 지난 6년 동안 세금납부자들은 역사적으로 높은 상속·증여 면제 혜택을 받았습니다. 이 법안은 2018년부터 인플레이션을 반영해 개인당 약 550만 달러에서 1,100만 달러로 면제액을 두 배로 늘렸습니다. 그리고 트럼프 대통령이 그 면제액 한도를 역대급 수준인 1,292만 달러로 올려놓았고, 2024년에는 69만 달러가 더 증가된 1,361만 달러만큼의 상속·증여 면제 혜택이 생겼습니다. 그러나 이 법안의 효력이 바이든 정부 출범에 따라 2025년 12월 31일엔 쇠퇴하여(이를 미국에서는 "Sunset"이라고 일컫습니다) Prior(이전) Tax Cuts and Jobs Act(TCJA)(조세감면 및 일자리에 관한 법률)에서 정했던 수준인 5백만 달러로 크게 떨어질 것이라는 전망도 있습니다. 다만, 물가 상승을 고려할 때, 현재의 절반인 5백만-6백만 달러 수준으로 혜택이 줄어들 것으로 많은 전문가들은 예상하고 있습니다. 만약, 공화당이 집권한다면 현재 한도를 유지하거나 지금보다 그 한도가 더 커질 가능성도 있긴 합니다.

　재산 가치가 그 해의 면제액을 초과한다면, 18%에서 40% 사이의 세율이 적용됩니다. 상속세율은 실제 구간에 따라서 세율이 달라질 수 있습니다. 평생 면제 한도를 초과한 상속·증여에 대해서 연방의 경우라면 최소 18%부터 시작해서 최대 40%까지 세율이 적용될 수 있습니다. 일단 $0부터 시작해서 $10,000까지는 상속세율이 18%이며 $10,001부터 시작해서 $20,000까지는 20%, 1백만 달러를 초과시엔 최대 40%의 상속세가 부과됩니다.

2016 Unified Rate Schedule

18%	20%	22%	24%	26%	28%
$0 - 1만	$1 - 2만	$2 - 4만	$4 - 6만	$6 - 8만	$8 - 10만

30%	32%	34%	37%	39%	40%
$10 - 15만	$15 - 25만	$25 - 50만	$50 - 75만	$75 - 100만	$100만-

Source: Internal Revenue Service, Instructions for Form 706 - United States Estate(and Generation-Skipping Transfer) Tax Return, September 2016.

미국의 상속세 과세방식은 상속재산 전체에 대해 상속세가 부과되는 유산세 방식입니다. 상속플래닝 없이 사망하는 경우 Probate Court(상속법원)에서 상속재산에 부과되는 상속세 및 각종 채무들을 변제하고 남은 재산을 상속인들에게 분배합니다. 그러나 신탁을 하게 되면 실제로 상속인 중 누가 얼마나 상속세를 부담하게 되는지는 신탁계약에 정한 바에 따르게 됩니다. 전체 재산에서 상속세 및 각종 채무를 변제하고 남은 재산을 상속인들에게 분배하게 하거나 혹은 상속받는 재산의 크기에 비례해서 상속세를 부담하도록 정할 수 있습니다.

❷ ____ 상속·증여 통합세

미국에서는 자녀의 수와 상관없이 증여자(증여를 주는 자) 혹은 피상속인(상속을 주게 되는 자)을 기준으로 면제액이 부과됩니다. 증여세·상속세 면제액이 각 수증자(증여를 받는 자) 혹은 상속인(상속을 받는 자)의 수만큼 늘어난다고 오해하는 분이 많은데, 그렇지 않습니다.

예를 들어, 현재 면제액이 대략 1,300만 달러라 할 때, 각 증여자 또는 피상속인은 13장씩 쿠폰을 가지고 있다고 생각하시면 됩니다. 부부라면 각각 13장씩으로 두 사람이 합쳐서 26장의 쿠폰을 평생 사용할 수 있습니다. 다섯 자녀들에게 26장의 쿠폰을 증여할 때 써도 되고, 상속할 때 써도 됩니다. 남편이 5장의 쿠폰을 살아있는 동안 증여 과정에서 사용했다면 남은 8장의 쿠폰은 남편의 사후 상속세를 면제받기 위해 쓸 수 있습니다.

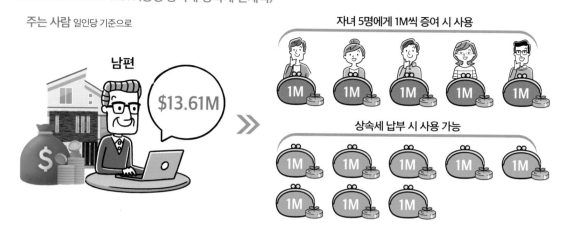

LIFETIME EXEMPTION (평생 증여세·상속세 면제액)

주는 사람 일인당 기준으로

남편

$13.61M

자녀 5명에게 1M씩 증여 시 사용

1M　1M　1M　1M　1M

상속세 납부 시 사용 가능

1M　1M　1M　1M　1M

1M　1M　1M

(1M = 백만 달러 (쿠폰 한 장당))

미국에서는 한국과 달리 상속·증여 통합세이기 때문입니다. 이를 미국에선 United Transfer Tax Rates(통합 재산이전세율)라고 합니다. 증여세에서 통합세액공제를 활용하는 경우 상속세에서 사용할 수 있는 통합세액공제가 줄어들게 됩니다. 그러나 증여자가 비거주 외국인*인 경우 통합세액 공제를 활용할 수 없습니다.

그럼 앞서 말씀드린대로 민주당의 집권으로 인한 상속세 면제액 한도가 내려가서 5장의 쿠폰밖에 못쓰게 되는 경우는 어떨까요? 이미 13장(1인 기준)의 쿠폰을 다 써버렸는데 올해부터 5장의 쿠폰만 쓰게 되었다고 해서 소급해서 이미 써버린 쿠폰 혜택(8장)에 대한 상속세를 내라고 하지는 않습니다. 다만 향후 정책 변화 가능성 등을 감안해서, 최대한 혜택이 크게 주어진 기회를 이용하려고 최근 증여를 하려는 분들이 많은 것도 사실입니다.

* 여기서 비거주 외국인은 미국 기준으로 말씀드리는 것이므로 미국 시민권이나 영주권이 없는 분들이 해당됩니다.

❸ _____ Annual Gift Tax Exclusion
(연간 증여세 면제액)

한편, Donee(수증자)의 수에 따라 많이 쓸 수 있는 혜택도 있습니다. Annual Gift Tax Exclusion(연간 증여세 면제액)은 Donor(증여자) 개인당 각 수증자에 대하여 18,000 달러(2024년 기준)입니다. 즉, 한 명의 증여자가 한 명 또는 여러 명에게 각각 18,000 달러 이하를 증여하는 경우 증여세 보고 및 납세의무가 면제됩니다. 연간 증여세 면제액은 해당연도에 사용하지 않더라도 차년으로 이월·누적되지 않습니다. 이 혜택은 각 수증자 수만큼 누릴 수 있습니다. 세 자녀가 있다면, 54,000 달러(=18,000 달러×3명)까지 증여세가 면제되고, 증여세 보고를 할 필요가 없습니다. 손주들에게도 추가로 주고 싶다면 손주 1인에게 매년 18,000 달러씩 상속·증여세 보고 없이 전달할 수 있습니다.

ANNUAL EXCLUSION (연간 증여 면제액)이 일인당 $18,000 (2024년 기준)

연간 증여세 $18,000 이하로 증여시 증여세 보고 및 납세의무 면제

2023년엔 17,000 달러 혜택 금액이었는데, 2024년 현재 18,000 달러로 혜택 금액이 올랐고, 앞으로도 혜택은 계속 올라갈 전망입니다. 다만 연간 증여세 면제액(18,000 달러)을 초과하여 증여하는 경우 납부할 증여세가 없더라도 증여일이 속하는 연도의 다음해 4월 15일까지 증여세 보고서(Form 709-A 또는 From 709)를 제출하여야 합니다.

02 부부재산제도 : Community Property (공동재산) v Separate Property (개인재산)

❶ Community Property (공동재산) v Separate Property (개인재산)의 차이점

캘리포니아는 부부 공동재산제도를 따르고 있습니다. 부부가 결혼기간 중에 형성한 모든 재산은 부부의 공동재산이라는 것을 전제로 합니다. 즉, 공동재산에 대해 남편은 해당 재산의 50%에 대한 권리가 있으며, 아내 또한 50%에 대한 권리를 가지게 됩니다. "Title(명의)"를 중시하는 한국의 상속법 제도와 달리, 캘리포니아의 상속법에서는 재산의 "Character(성격)"에 더 초점을 맞춥니다. 예를 들어, 남편의 명의로만 구입한 부동산이라도, 자금 출처가 부부의 공동재산에서 나온 것이라면 부부 공동재산의 "성격"을 가지게 됩니다. 즉, 아내 또한 50%에 대한 권리를 가지고 있습니다.

부부 공동재산제도를 따르는 주: California, Arizona, Nevada, Louisiana, Idaho, New Mexico, Washington, Texas, and Wisconsin

　　반면에 결혼 전에 각자 형성한 재산 혹은 결혼 중이라도 한 배우자가 상속·증여를 통해 획득한 재산은 해당 배우자의 Separate Property(개인재산)로 간주되어 해당 배우자가 100% 권리를 가집니다. 예컨대, 아내가 결혼 중에 친정 부모님으로부터 상가 건물을 상속받게 된다면, 그것은 아내가 100% 권리를 가지는 아내의 Separate Property(개인재산)가 됩니다. 그런데, 캘리포니아 주법에 따르면, Separate Property(개인재산)이지만 아내의 노동력·노력·시간이 그 재산에 투입된다면, 공동재산과 개인재산이 혼합된 형태로 간주될 수 있습니다. 이는 부부로서 살아가는 동안 각자가 투입하는 노동력·노력·시간은 각자의 개인재산 증식에 쓰이기 보다는 결국 부부의 공동재산 증식에 쓰인다는 개념적 접근에 근거합니다. 만약 아내가 상속받은 상가 건물에 Tenant(임차인)를 인터뷰하고 상가 건물을 수리하는 등의 노동력·노력·시간을 썼다면, 또는 상속받은 상가 건물에 남아있는 Mortgage(융자)를 아내나 남편의 월급에서 갚았다면 이 모든 노동력·노력·시간이 투입되면서 아내의 개인재산에서 상당 부분이 배우자와의 공동재산으로 간주될 수 있습니다.

❷ ___ 무유언시 Community Property(공동재산)와 Separate Property(개인재산)에 따른 상속권의 적용

　　유언장을 남기지 않고 배우자가 사망 시에, 배우자가 가지고 있는 재산의 Character(성격)가 Community Property(공동재산)인지 Separate Property(개인재산)인지를 먼저 결정하게 됩니다. 이에 따라 상속권이 달라지게 되기 때문입니다.

사망한 배우자의 재산이 부부 Community Property (공동재산)로 판단된다면, 자녀 유무, 부모 형제 유무 등에 상관없이 생존 배우자가 전체재산에 대해 상속 1순위가 됩니다. 즉, 부부 공동재산에 관해서는 생존 배우자가 100% 상속권을 가지게 됩니다.

반면, Separate Property (개인재산)로 판단될 경우, 자녀의 유무 또는 자녀의 수에 따라 생존 배우자의 상속권이 달라지게 됩니다.

먼저 자녀가 있는 경우를 보겠습니다. 자녀가 한 명 있다면, 배우자는 자녀와 1/2씩 나누게 됩니다. 반면 자녀가 2명 또는 그 이상이라면, 배우자의 몫은 1/3로 확정된 상황에서 나머지를 자녀가 나눠 갖게 됩니다. 즉, 만약 자녀가 3명이라면 각 자녀는 2/9 (2/3×1/3)씩 갖게 됩니다.

한편, 만약 이미 사망한 자녀가 있고, 그 자녀가 손주를 남겼다면, 그 손주가 사망한 자녀의 상속권을 이어받아 몫을 대신 받게 됩니다(대습상속). 한국과 달리 미국에서는 사망한 자녀의 배우자(며느리 또는 사위)에게는 대습상속권이 없습니다.

다음은 자녀가 없이 사망한 경우를 설명드리겠습니다. 생존 배우자는 피상속인의 부모나 형제가 있는지 여부에 따라 일정비율 혹은 전체 재산에 대한 상속권을 갖게 됩니다. 예를 들어 남편이

> 미국에서는 사망한 자녀의 배우자 (며느리 또는 사위)에게는 대습 상속권이 없습니다.

사망했는데 자녀가 없는 경우에 피상속인(남편)의 부모가 살아 있다면, 아내는 시부모와 1/2씩 나누게 됩니다. 시부모도 이미 사망했다면, 아내는 남편의 형제·자매들과 1/2씩 나누게 됩니다. 즉 아내는 남편의 형제가 몇 명이든 1/2에 대한 권리를 가집니다.

자녀도 없고, 피상속인의 부모나 형제가 없다면 피상속인의 개인재산 전체가 배우자에게 상속됩니다.

(개인재산의 상속 이슈와 관련해서는 다양한 적용사례가 있는 만큼, 후반부에서도 좀 더 살펴보겠습니다.)

> **참고** 상속법원 검인과정은 크게 피상속인이 유언을 남겼는지 남기지 않았는지에 따라 유언검인과정과 무유언검인과정으로 나뉩니다. 유언검인과정은 'Petition for Probate of Will and for Letters Testamentary(유언검인 및 유언집행장에 대한 청원절차)'와 'Petition for Probate of Will and for Letters of Administration with Will Annexed(유언검인 및 유언장이 첨부된 상속집행장에 대한 청원절차)'로 구분됩니다. 유언검인과정에서 피상속인이 남긴 유언장에 명시된 유언집행자가 유언검인을 진행하게 되면 Letters Testamentary(유언집행장)가 발부됩니다. 반면 명시된 유언집행자가 없거나 혹은 명시된 유언집행자가 유언검인을 진행하는 것을 거부하여 할 수 없게 되어서, 법원을 통해 새로운 유언집행자를 지정해야 할 때는 Letters of Administration with Will Annexed(유언장이 첨부된 상속집행장)가 발부됩니다. 즉 유언장에 기재된 유언집행자가 유언집행을 하는 경우에는 Letters Testamentary가 발부되고, 유언장에 기재되지 않은 자가 유언집행을 하는 경우에는 Letters of

Administration with Will Annexed가 발부된다는 절차상의 차이점이 있습니다. 한편 무유언검인과정에서는 'Petition for Letters of Administration(상속집행장에 대한 청원절차)'이 진행됩니다.

03 미국의 상속 절차

캘리포니아에서 상속을 받는 절차는 크게 세 가지로 나뉩니다. 첫번째는, 상속법원 Probate(검인과정)*를 통해서 상속을 받는 경우입니다. 주로 피상속인이 유언장 혹은 Living Trust(생전신탁)를 만들지 않고 사망한 경우, 혹은 유언장을 만들었지만 유언장에 명시된 재산의 금액이 시가 18만 4천5백 달러 이상일 때입니다. 다시 말해, 캘리포니아 상속법에 의하면, 피상속인이 소유한 집 혹은 사업체의 규모가 18만 4천5백 달러를 초과하면, 기본적으로 상속법원 Probate(절차)의 대상이 됩니다.

*2024년 기준이며, 주마다 Probate가 시작되는 금액의 Threshold(임계치)가 다를 수 있고 해마다 그 금액도 변할 수 있습니다.

문제는 상속법원의 유언검인 절차가 한국과 달리 시간적 소모가 크다는 점입니다. 캘리포니아를 예를 들었을 때, 통상적으로 소수의 판사들이 심의하는 기간만 2년 이상이 걸리고, 코로나 시국에는 3년 이상 오래 소요되기도 했습니다. 특히, 법원 비용 및 상속세를 정해진 시기에 내야 하는 비용 부담이 있는 상황에서, 상속인인 자녀들의 겪게 될 심리적인 고통과 행정적인 절차에 대한 기다림은 엄청나다고 할 수 있습니다. 그 뿐이 아닙니다. 미국에서는 가족관계증명서가 없기 때문에 상속인이라고 주장하며 나타나는 사람은 물론, 상속채권자라고 주장하는 사람들이 나타나면 그 심의 기간은 더욱더 길어질 수밖에 없습니다.

또한, 상속법원을 통한 유언검인은 장기간 소요되는 심의 기간 이슈 뿐만 아니라 절차진행을 위한 제반비용도 많이 들고 변호사 비용 또한 만만치 않습니다. 유산상속 계획 단계에서의 변호사 비용과 달리 상속법원 절차를 진행하는 단계의 변호사 비용은 대체로 고인의 재산규모에 비례해서 결정되기 때문입니다. 여기서 재산의 규모라는 것은 고인명의로 된 재산의 현재 시장가를 의미합니다.

예를 들어 시장가 100만 달러 상당의 집에 90만 달러의 융자가 남아있는 경우를 가정하면, 실제로 자녀들이 상속받을 수 있는 순자산 금액은 10만 달러(=100만 달러 – 90만 달러)이지만, 상속법원에서는 피상속인의 재산을 집의 현재 시장가인 100만 달러로 보고 그에 비례해서 변호사 비용을 결정합니다. 즉, 이때 융자로 인한 부채는 고려하지 않습니다.

캘리포니아 상속법에 따라 계산해 보면, 100만 달러 중 첫 10만 달러에 대해서는 4%, 두번째 10만 달러에 대해서는 3%, 그 다음 80만 달러에 대해서는 2%의 변호사 비용이 적용되어 총 23,000 달러의 변호사 비용이 발생하게 됩니다.

그러면, 상속법원 절차를 거치지 않고 유산상속 계획을 할 수 있는 방법이 없을까요? 두번째 상속 절차로서 미국에서 가장 효율적으로 상속 계획을 할 수 있는 장치가 Living Trust를 통한 상속입니다. Trust (신탁)를 살아생전에 만들어서 피상속인의 재산을 어떻게 분배할지 명시해 놓으면 상속법원을 통한 소모적인 절차 없이 피상속인이 원했던 사람들에게 유산의 분배를 비교적 빠르게 진행할 수 있습니다. Trust (신탁)에는 가족관계 및 피상속인의 재산 목록 등이 정확하게 명시되어 있기 때문에, 한국에서의 안심상속 원스톱 서비스에 준하는 효율적인 상속 Tool로 활용할 수 있습니다.

> Trust (신탁)에는 가족관계 및 피상속인의 재산 목록 등이 정확하게 명시되어 있기 때문에, 한국에서의 안심상속 원스톱 서비스에 준하는 효율적인 상속 Tool로 활용할 수 있습니다.

세번째는, 특정 재산(계좌 또는 부동산)에 그 재산을 물려받을 상속인을 명시하는 방법이 있습니다. 계좌의 경우, 해당 계좌가 있는 금융기관에서 상속자를 명시하는 Transfer on Death (사망시 계좌의 주인이 상속인에게 이전) 아니면 Payment on Death (사망시 계좌에 있는 금전을 상속인에게 지급)를 지정할 수 있습니다. 간단히 말씀드리면 은행에서 수익자를 설정하는 건데, 이를 "Transfer on Death" 또는 "Payment on Death"라고 부르는 것입니다. 부동산의 경우는 캘리포니아를 비롯한 Transfer on Death Deed (사망시 부동산등기가 상속인에게 이전)를 허용하는 몇몇 주에서 수익자 설정이 가능합니다. 즉 피상속인이 해당 부동산등기에 원하는 상속인을 명시하는 방법이 있습니다.

04 Living Trust (생전신탁)

❶ _____ Living Trust (생전신탁)란?

Living Trust (생전신탁)는 하나의 서류처럼 보이지만 일종의 Paper Company (페이퍼 컴퍼니)라 생각하시면 좀더 이해가 쉬울 수 있습니다. Paper Company (페이퍼 컴퍼니)는 회사의 이름도 있어야 하고 회사의 주인, 회사를 관리하는 사람, 그로 인해 이익을 얻는 수익자가 있어야 하듯이, Living Trust (생전신탁)의 경우에도 Trust (신탁)의 이름이 필요하고 Trustor (위탁자), Trustee (수탁자), Beneficiary (수익자)가 있어야 합니다.

Living Trust (생전신탁)의 이름은 원하는 대로 정할 수 있으나 일반적으로 처음에 "The", 끝에 "Trust"라는 단어가 들어가게 합니다. 예를 들어 김철수 씨와 김영희 씨가 Kim Family 라는 이름의 Living Trust (생전신탁)를 만들었다면, "THE KIM FAMILY TRUST"가 됩니다.

신탁의 주인인 Trustor (위탁자)는 신탁을 만든 사람, 즉 재산에 대한 상속계획을 하는 사람이 됩니다. 부부가 만들었다면 부부가 공동 위탁자가 됩니다. 한국에서는 은행이 Trustee (수탁자)가 되

> " 부부 모두 사망 시에 남은 재산을 원하는 Beneficiary (수익자) 에게 전달해 줄 Successor Trustee (승계수탁자)를 미리 설정해야 합니다. "

어 신탁을 관리해 주는 것이 일반적이지만, 미국에서는 보통 Trustor(위탁자)가 살아있는 동안 신탁 관리를 직접 합니다. 즉 부부가 Co-Trustee(공동수탁자)가 됩니다. 부부 중 한 배우자가 사망시 또는 재정 관리를 할 수 없는 건강상태일 때 생존·상대 배우자가 Sole Trustee(단독수탁자)가 되어서 남은 재산을 관리할 수 있습니다. 그리고 부부 모두 사망 시에 남은 재산을 원하는 Beneficiary(수익자)에게 전달해 줄 Successor Trustee(승계수탁자)를 미리 설정해야 합니다. 미국에서는 많은 경우 자녀들을 Successor Trustee(승계수탁자)로 설정하긴 하지만, 제3자 또는 전문 수탁인을 설정하기도 합니다.

신탁 Beneficiary(수익자)에 대한 설정도 중요합니다. 요즘은 젊은 부부들도 Living Trust(생전신탁)를 많이 준비하는데, 이런 경우는 자녀가 아직 미성년자이기 때문에 Beneficiary(수익자)로서 자녀가 받을 수 있는 나이를 제한할 수 있습니다. 예를 들어 Living Trust(생전신탁)를 만들 때 자녀들의 나이가 5세, 7세라면, 자녀가 25세가 되었을 때 재산을 수령할 수 있다고 제한해 놓으면, 자녀가 12세, 14세에 부부가 사망하게 될 경우 Successor Trustee(승계수탁자)는 Trust(신탁)에 재산을 보관해 두고 있다가 자녀가 25세가 되었을 때 자녀들에게 전달하게 됩니다.

또한 자녀가 성인임에도 경제적으로 성숙하지 못했을 경우, 목돈을 남기는 것을 우려해 특정 조건을 Trust(신탁)에 명시해 놓을 수도 있습니다. 이 때도 Successor Trustee(승계수탁자)는 그 조건이 달성되었을 때만 자녀에게 신탁재산을 전달할 수 있습니다.

Living Trust를 법원에 등록해야 한다고 오해하는 분들이 많습니다. 그렇지 않습니다. 내가 세상을 떠났을 때 내 재산을 어떻게 누구에게 전달하고 싶은지를 Trustee(수탁자)에게 지시하는 지극히 사적인 서류입니다. 그리고 사망 후에 법의 요구에 따라 Living Trust(생전신탁)의 내용이 수익자, 가족들에게 알려지게 됩니다.

❷ ____ Revocable Living Trust(취소가능한 생전신탁) v 취소불가능한 생전신탁(Irrevocable Living Trust)

Living Trust(생전신탁)를 이야기할 때, Revocable Living Trust(취소가능한 생전신탁)와 Irrevocable Living Trust(취소불가능한 생전신탁)를 모두 포괄해서 의미합니다. Living Trust를 Revocable Living Trust(취소가능한 생전신탁)로 만들지, Irrevocable Living Trust(취소불가능한 생전신탁)로 만들지는 전적으로 의뢰인의 선택입니다.

부부가 Revocable Living Trust(취소가능한 생전신탁)를 만들었다면, 대부분의 부부는 본인들이 살아있는 동안 Trustor(위탁자), Trustee(수탁자), Beneficiary(수익자) 모두를 본인들로 설정합니다. Living Trust(생전신탁)의 이름으로 가지고 있는 부동산을 부부가 판매를 하던, 부동산에서 발생하는 임대소득을 위해 투자하던 모두 부부의 결정입니다. 그리고 부부가 모두 Trustee(수탁자)의 역할을 하지 못하게 될 때를 대비해서 정해두었던 Successor Trustee(승계수탁자)와 부부 사망시 남은 재산을 수

령할 최종 신탁 Beneficiary(수익자)를 비롯하여, 재산 분배 방식 등 모든 내용을 언제든지 변경·취소할 수 있습니다. 결국 부부의 사망시까지 언제든지 해당 Trust를 취소 및 변경할 수 있다는 의미에서 Revocable Living Trust(취소가능한 생전신탁)를 만들었다면 "상속"을 계획한 것입니다.

반면에, 부부가 Irrevocable Living Trust(취소불가능한 생전신탁)를 만들었다면 살아생전에 더 이상 취소·변경이 불가능해지기 때문에 Trust(신탁)에 있는 재산은 수익자에게 "증여"된 것입니다. 한 번 수익자에게 "증여"한 재산은 수익자의 동의가 없는 한 다시 되찾아올 수 없습니다. 대부분 Irrevocable Living Trust(취소불가능한 생전신탁)에서는 Trustor(위탁자)는 부부이지만 Trustee(수탁자)는 부부가 아닌 자녀 혹은 제 3자가 되고, Beneficiary(수익자)는 자녀 혹은 부부가 정한 제 3의 수익자가 됩니다. Revocable Living Trust(취소가능한 생전신탁)에서는 부부의 살아생전에 Trustee(수탁자)와 신탁 Beneficiary(수익자) 모두 부부였다는 점과 비교가 됩니다.

Irrevocable Trust의 기본 요소

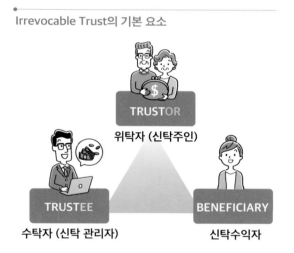

TRUSTOR
위탁자 (신탁주인)

TRUSTEE
수탁자 (신탁 관리자)

BENEFICIARY
신탁수익자

❸ ─── 부부가 공동으로 만들 수 있는 Revocable Living Trust(취소가능한 생전신탁)의 종류

Revocable Living Trust(취소가능한 생전신탁) 타입은 한 배

우자의 사망시 생존 배우자의 상속권을 결정합니다. 크게는 4가지 종류로 설명드릴 수 있습니다.

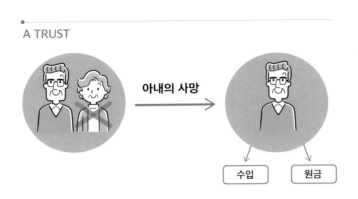

A TRUST

아내의 사망

수입　　원금

첫번째는 사망한 배우자 몫의 재산(공동재산의 50%)을 포함해서 재산에 대한 모든 권한을 자동적으로 상속받게 되기 때문에 생존 배우자로서는 재산의 100%를 온전히 향유할 수 있는 타입의 Revocable Living Trust(취소가능한 생전신탁)입니다. 이처럼 어차피 공동재산의 100%가 모두 배우자에게 상속됨에도 Trust(신탁)를 만드는 이유는, 앞서 설명한 대로 상속법원의 Probate(검인절차)를 거치지 않기 위해서입니다. 그래서 이렇게 배우자 간의 상속 분배를 100%로 정하는 이런 종류의 트러스트를 'Probate Avoidance Trust(검인절차 회피를 위한 신탁)'라고 하며, 좀더 간단히는 A Trust(이하 "A 트러스트")라고도 일컫습니다.

A 트러스트가 가장 간단한 트러스트이긴 하나, 모든 가족에게 적합한 상속계획은 아닙니다. 재산의 규모가 큰 경우는 100%를 모두 받은 배우자마저 사망시, 남은 자녀들이 부담해야 할 상속세 이슈가 크기 때문입니다. 또한, 자녀들 앞으로 일정 부분 상속을 염두해 둔 배우자라면, 본인 사망시 생존 배우자의 재혼 가능성을 감안할 때, A 트러스트가 적절하지 않을 수 있습니다. 예를 들어 아내의 사망 이후 남편이 새로운 배우자와 재혼을 해서 A 트

러스트를 통해 받은 본인의 재산을 100% 새 아내에게 상속을 한다 해도 이를 막을 수가 없습니다. 왜냐하면, 남편이 모든 재산에 대한 권리를 가졌기 때문입니다. 실제로, 상속분쟁 케이스에서 이러한 새 아내와 자녀들 간의 상속분쟁이 상당한 비율을 차지하는 게 현실입니다. 이런 이슈가 있을 경우 A 트러스트보다는 'A·B 트러스트'를 만들 것을 권합니다.

두번째, A·B 트러스트입니다. 한 배우자의 사망 시에 부부의 공동재산을 절반으로 나누어서, 사망한 배우자의 재산은 B 트러스트에 넣고 생존 배우자의 재산은 A 트러스트로 넣게 됩니다. 대부분의 Living Trust(생전신탁) 서류에서는 A 트러스트를 "Survivor's Trust(생존자 신탁)", B 트러스트를 "Bypass Trust(우회신탁)" 혹은 "Exemption Trust(면제신탁) 혹은 "Decedent's Trust(사망자 신탁)"이라고 부릅니다.

A·B Trust

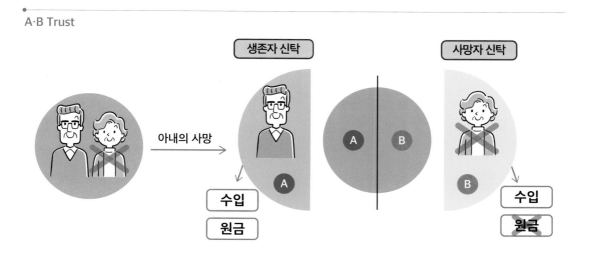

예를 들어, 남편이 2024년에 사망했는데 그 당시 부부의 재산이 2,000만 달러라고 가정해 보겠습니다. 현재(2024년 기준) 1인당 사용할 수 있는 Estate Tax Exemption Amount(유산상속세 면제액)는 1,361만 달러(부부이면 합쳐서 대략 2,800만 달러)입니다.

남편의 사망 시에 절반(부부 공동재산 중 남편의 몫에 해당하는 50%)인 1,000만 달러를 B 트러스트에 넣음으로써 그 때의 1인당 면제액 혜택을 사용하고 상속세 신고도 완료합니다. 아내의 몫인 1,000만 달러를 A 트러스트에 넣어서 아내가 살아있는 동안 쓰다가, 이후 아내의 사망 시에 남아있는 재산은 Beneficiary(수익자)인 자녀들에게 상속됩니다. 자녀들이 부담해야 할 상속세를 계산할 때, A 트러스트에 있는 재산만이 상속세 대상이 됩니다. 이처럼 A·B 트러스트는 유산 상속세 절세 효과를 가집니다.

등기상에서는 A 트러스트와 B 트러스트로 나뉘나, 생존 배우자는 계속 두 개의 트러스트에서 나오는 모든 Income(수입)을 그대로 쓸 수 있습니다. A 트러스트에 있는 재산에 대해서는 생존 배우자가 모든 권한을 가지기 때문에 트러스트에서 나오는 Income(수입)은 물론이고 Principal(원금)도 원하는 대로 처분을 할 수 있습니다. 그리고 A 트러스트에 있는 재산에 대해선 본인만의 별도 유언장·트러스트를 만들어서 원하는 수익자에게 상속케 할 수 있습니다. 하지만, 사망한 배우자의 몫(50%)인 B 트러스트에 대해서는 B 트러스트에 있는 재산에서 나오는 Income(수입)만 받을 수 있으며, B 트러스트에 있는 원본재산은 자녀들에게 보장되어 있는 몫이므로 수익자를 바꾸기 어렵습니다. 이런 이유로 A·B 트러스트가 많은 경우 좋은 선택이기도 합니다. A·B 트러스트를 만들면 남편이 재혼을 하더라도 사망한 아내의 재산을 B 트러스트에 이미 묶어 두었기 때문에 자녀들이 아내 몫의 상속을 받는 것이 보장이 될 수 있습니다. 새 배우자가 가져갈 수 없는 재산이 되기 때문입니다.

이와 같은 각 트러스트의 장점을 고려해서, 한 배우자의 사망 시에 A 트러스트 또는 A·B 트러스트를 선택할 수 있는 "Disclaimer Trust (포기신탁)"를 선호하는 부부도 많습니다. 한 배우자의 사망 시에 남은 배우자가 상속집행을 할 때 재산분할 과정에서 100% 모든 권한을 가지기를 원한다면 A 트러스트를 선택할 수 있습니다. 또한 100% 모든 권한을 가질 수 있는 권리를 Disclaim (포기)하고 A·B 트러스트를 선택할 수도 있습니다. 그 선택은 그 때의 상속세 면제액 한도와 자녀들에게 상속을 보장하기를 원하는지 여부에 달려 있습니다.

마지막은 자산가들에게 주로 권하는 A·B·C 트러스트입니다. A·B 트러스트처럼 생존 배우자의 권한을 제한하고 나누는 것은 같으나, 사망한 배우자의 사망 당시에 면제액 혜택을 초과하는 부분에 대해서는 별도의 C 트러스트를 만들어 따로 보관해 놓는 장치입니다. 자녀들은 생존 배우자마저 사망 시에 A 트러스트와 C 트러스트 재산에 대해 상속세를 내게 됩니다.

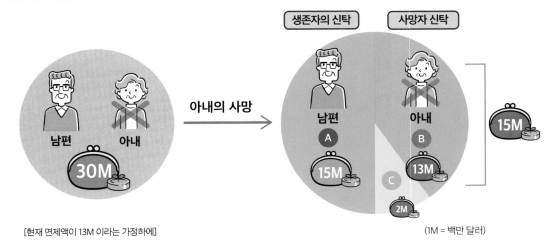

[현재 면제액이 13M 이라는 가정하에]   (1M = 백만 달러)

05 상속 v 증여

    먼저 상속과 증여의 차이점부터 알아보겠습니다. 자녀에게 재산이 양도되는 것을 기준으로 쉽게 설명하면, 부모가 살아생전에 재산을 자녀에게 양도했다면 "증여"이고, 사망 후에 자녀가 재산을 양도받았다면 "상속"입니다.

    미국 상속법상 증여를 하고 나면 증여한 순간부터 자녀의 재산이 됩니다. 자녀에게 소유권이 넘어가기 때문에 더 이상 증여를 취소하는 것이 불가능합니다. 누군가가 살아생전에 Irrevocable Living Trust(취소불가능한 생전신탁)를 만들었다면, 트러스트를 설정한 순간 수익자에게 이미 증여했다고 봅니다. 반면에 누군가가 살아생전에 Revocable Living Trust(취소가능한 생전신탁)

를 만들었다면, 사망 전에는 언제든지 해당 Living Trust(생전신탁)를 취소 및 변경할 수 있다는 의미에서 그 사람은 증여가 아닌 상속을 하려 했음을 알 수 있습니다.

증여를 할 때는 등기 Title(명의) 이전을 통한 Direct Gifting(직접적인 증여)도 가능하지만, Irrevocable Living Trust(취소불가능한 생전신탁)를 만들면서 증여를 할 경우 이점이 많습니다. 부모가 자녀에게 증여의 목적으로 Irrevocable Living Trust(취소불가능한 생전신탁)를 만들었다면, 해당 Irrevocable Living Trust(취소불가능한 생전신탁)에서는 Trustor(위탁자)는 부부, Trustee(수탁자)와 신탁 Beneficiary(수익자)는 대부분 자녀로 설정합니다. 기본적으로 Irrevocable Living Trust(취소불가능한 생전신탁)이긴 하지만 Trustor(위탁자)는 부부, Trustee(수탁자)와 신탁 Beneficiary(수익자) 모두의 합의가 있다면 취소 및 변경이 가능합니다. 그리고 부모의 사망시까지 자녀가 Trustee(수탁자)로서 신탁 관리는 하지만, 아직 이 재산은 자녀의 이름이 아닌 Trust(신탁) 하에 있기 때문에 자녀들이 혹시 예기치 않은 이혼 혹은 채무로 인한 소송을 당했을 때, 자녀가 증여받은 재산에 대한 권리를 보호할 수 있는 유용한 장치로도 쓰일 수 있습니다. 또한 어린 자녀들에게 증여할 때도 일단 증여한 재산은 자녀의 것이므로 부모가 소유권을 행사하지 못하기 때문에 컨트롤 이슈가 있고, 자녀가 성숙한 사고방식을 가지기 전에 거액의 재산을 탕진할 수 있는 리스크가 있기 때문에, 이 때 이용가능한 방법이 자녀가 성인이 될 때까지 Irrevocable Living Trust(취소불가능한 생전신탁)를 활용하는 것입니다.

"
Irrevocable Living Trust(취소불가능한 생전신탁)를 만들면서 증여를 할 경우 이점이 많습니다.
"

"
이 재산은 자녀의 이름이 아닌 Trust(신탁) 하에 있기 때문에 자녀들이 혹시 예기치 않은 이혼 혹은 채무로 인한 소송을 당했을 때, 자녀가 증여받은 재산에 대한 권리를 보호할 수 있는 유용한 장치
"

증여가 좋을지, 상속이 좋을지에 대한 많은 문의가 있는데, 가정마다 상황이 다르고, 여러 변수에 따라 다르니 각각의 장·단점을 고찰해 보는 것도 필요합니다.

설명드렸던 것처럼, United Transfer Tax Rates(통합 재산이전세율)에 따라 증여세에서 통합세액공제를 썼다면, 상속세에서 사용할 수 있는 통합세액공제가 줄어들게 됩니다.

예를 들어, 현재 면제액이 대략 1,300만 달러라면 각 증여자 또는 피상속인은 13장씩 쿠폰을 가지고 있는 셈입니다. 부부라면 각각 13장씩 총 26장의 쿠폰을 평생 사용할 수 있습니다. 20장의 쿠폰을 부부가 살아있는 동안 증여 과정에서 사용했다면 6장의 쿠폰이 남아있기 때문에 상속세를 납부할 때 6장을 쓸 수 있습니다. 앞서 언급한 대로 민주당의 집권으로 인한 상속세 면제액 한도가 내려가서 사망시기에 개인당 5장의 쿠폰(부부에게는 10장의 쿠폰)밖에 못쓰게 된다면 어떨까요? 이미 20장의 쿠폰을 증여시에 써버렸기 때문에 상속시에 쓸 수 있는 쿠폰은 더 이상 남아있지 않게 됩니다.

사망 시기에 부부당 10장의 쿠폰만 쓸 수 있는데 이미 20장의 쿠폰을 증여에 쓰면서 10장을 초과해서 써버린 경우는 면제액 혜택을 토해내야 할까요? 그렇지 않습니다. 이미 써버린 쿠폰에 대해서는 소급해서 상속세를 내라고 하지는 않기 때문에 남은 재산에 대해서만 상속세를 부과하면 됩니다.

또한 앞서 언급한 Annual Gift Tax Exclusion(연간 증여세 면제액)은 Donee(피증여자) 한 사람 당 18,000 달러(2024년 기준)이므로 이를 최대한 활용하면 좋습니다. 면세 한도 범위 내 증여를 매년 계속하면, 평생 동안 상당한 재산을 이전할 수 있기 때문입니다.

이렇게 증여는 세법상 유리한 점이 있으므로, 가정의 재정계획을 세움에 있어서 증여플래닝도 상속플래닝만큼이나 중요합니다. 하지만 증여가 가져올 수 있는 다른 이슈도 충분히 숙고하고 일을 진행해야 합니다.

증여를 하고도 Title(명의)만 변경했을 뿐 아직 증여한게 아니라고 오해하는 고객들이 꽤나 많습니다. 특히나 자녀의 Credit(신용)가 좋기 때문에 자녀와 함께 부동산을 구매하거나, 자녀의 이름으로 구매하는 경우도 그렇습니다. 그런데, 이미 Title(명의) 변경시에 증여를 한 것이고, 부모가 증여를 하게 되면 증여된 재산은 자녀의 재산이 되고, 실제로 재산에 대한 모든 권한은 자녀에게 넘어가게 됩니다. 이런 경우, 부모와 자녀의 관계가 때에 따라 증여 전보다 나빠지는 사태가 종종 발생하기도 합니다.

예를 들어, 양도소득세 혜택 부분도 증여 시에는 활용을 못할 수 있습니다.

양도소득세는 판매가와 구매가의 차액 소득에 대한 세금입니다. 부모가 상속으로 남겨주게 되는 재산은 부모 사후 감정을 받게 됩니다. 상속 당시의 공정시장가격으로 상속되기 때문에 기준원가는 매입원가보다 훨씬 높은 시장가격으로 격상됩니다. 이를 Step-up in Basis라 합니다. 예를 들어, 부모가 몇 십년 전에 30만 달러에 구입한 부동산이 부모 사후 100만 달러가 되었다면 자녀의 세금기준은 100만 달러가 됩니다. 즉 자녀가 100만 달러에 그 부동산을 구입한 것과 같이 세율이 적용됩니다. 따라서 해당 부동산을 자녀가 110만 달러에 팔게 되면, 110만 달러와 100만 달러의 차액, 즉 10만 달러에 대한 양도소득세를 내면 됩니다.

반면에, 이런 Step-up in Basis라는 혜택이 부모가 생전증여 시에는 없습니다. 따라서 증여받은 자녀가 110만 달러에 팔게 되면 이때는 110만 달러와 부모가 해당 부동산을 구매한 30만 달러의 차액인 80만 달러에 대한 세금을 내게 됩니다.

한편, 그 자산을 부모 살아생전에 매각할 계획이라면, 증여가 때로는 유리한 경우도 있습니다. 이미 값이 오른 유가증권이나 기타 자산을 부모가 매각해서 양도소득세를 내고 나서 나머지를 자녀에게 증여하는 것보다는, 그 자산을 소득이 낮은 자녀가 증여 받은 후 처분하여 양도소득세를 내는 것이 유리합니다. 증여를 받은 자녀가 증여재산을 매각하면, 부모가 처음 지불했던 Cost(구입원가)가 그대로 자녀의 Basis(기준원가)가 되어 양도소득액 자체는 같지만, 자녀의 낮은 세율이 적용되기 때문에 절세가 되는 것입니다.

Step-up in Basis (양도소득세 절감 혜택)

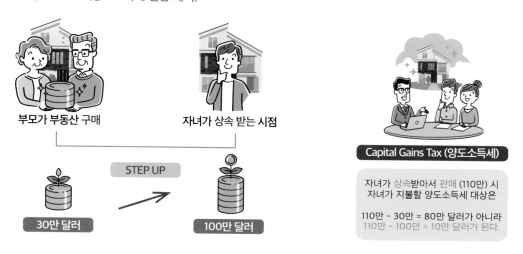

부모가 부동산 구매　　　자녀가 상속 받는 시점

STEP UP

30만 달러　　　100만 달러

Capital Gains Tax (양도소득세)

자녀가 상속받아서 판매 (110만) 시
자녀가 지불할 양도소득세 대상은

110만 - 30만 = 80만 달러가 아니라
110만 - 100만 = 10만 달러가 된다.

06 / Marital Deduction (배우자 공제)

　미국에서 증여와 상속시, 증여면제액과 상속면제액의 크기를 구분짓는 것은 크게 세 가지 요인입니다. 첫번째, 증여자 혹은 피상속인이 비거주 외국인인지 혹은 영주권자·시민권자인지를 봅니다. 두번째, 수증자 혹은 상속인이 배우자인지 아닌지를 구분합니다. 세번째, 증여 혹은 상속받는 재산이 미국내 증여·상속세 해당규제를 받는 재산인지 아닌지를 봅니다. 이때 두번째 요소에서 더 나아가 살펴보는 것은 증여 혹은 상속받는 사람이 배우자라면 그 배우자가 시민권자인지 비시민권자인지 여부입니다. 수증자 혹은 상속인인 배우자가 미국 시민권자인 경우에는 해당연도 면제액의 규제를 받지 않고 무제한으로 증여나 상속을 받을 수 있습니다. 미시민권자인 배우자가 증여를 받거나 상속을 받는 경우에는, 상대 배우자인 증여자나 피상속인이 영주권자인지 비영주권자인지 혹은 시민권자인지 아닌지에 상관없이 세금없이 무한정으로 재산을 증여받거나 상속받을 수 있습니다.

07 / Deceased Spouse Unused Exemption (DSUE : 사망한 배우자가 다 쓰지 못한 면제액)

피상속인이 사망한 해 상속세 면제액보다 피상속인이 남긴 재산이 적은 경우, 해당 면제액을 다 쓰지 못하는 경우가 발생합니다. 예를 들어 남편과 아내의 공동재산이 총 1,000만 달러인 경우, 남편 몫은 이중 절반인 500만 달러입니다. 남편이 사망한 해 상속세 면제액이 1,300만 달러였다면, 남편 몫 재산인 500만 달러를 다 면제받고도 쓸 수 있는 상속면제액이 800만 달러가 남은 셈입니다(남편이 살아생전 증여를 하여 면제액을 쓰지 않았다라는 전제). 아내가 나중에 세상을 떠날 때 그 해의 상속세 면제액이 얼마가 될지는 아무도 모릅니다. 이때 아내가 사망할 시 면제액이 낮고 아내가 남긴 재산이 많았다면 자녀들은 상속세를 많이 내야 할 상황이 생길 수 있습니다. 이를 대비하여 남편 사망 후 아내가 남은 남편의 면제액(여기에서는 800만 달러)을 "보존"하겠다고 미국 국세청에 보고를 하면, 아내 사후 그해의 아내 몫 상속 면제액과 남편이 남겨 놓은 면제액 둘 다 쓸수 있습니다. 따라서 자녀들은 어머니 사후 내야 할 상속세를 아버지가 남긴 상속세 면제액을 활용하여 절감할 수 있습니다.

08 QDOT (Qualified Domestic Trust) (비시민권 배우자가 이용할 수 있는 제도)

앞서 이야기한 Martial Deduction(배우자 공제)은 미시민권자 배우자가 증여 혹은 상속을 받을 때 면제액의 제한을 받지 않고 무한정으로 증여·상속을 받을 수 있는 세금 혜택입니다. 피상속인 배우자가 미시민권자 혹은 미거주영주권자일 때 재산을 상속받는 배우자가 비시민권자라면 상속받는 재산이 그해의 상속세 면제액보다 더 많은 경우에는 상속세를 내야 합니다. 예를 들어 총 재산이 3,000만 달러인 부부의 경우, 각 배우자는 1,500만 달러를 소유했다고 봅니다. 이때 남편은 시민권자이고 아내는 영주권자이고, 시민권자인 남편이 사망한 해의 면제액이 1,300만 달러라고 가정을 해보겠습니다. 이때 영주권자인 아내는 1,300만 달러까지는 상속세를 내지 않아도 됩니다. 그러나 상속세 면제액을 초과한 금액, 즉 200만 달러에 대해서는 상속세를 내야 합니다. 아내가 만약 시민권자였다면 내지 않아도 되었을 상속세입니다.

이때 영주권자인 아내가 선택할 수 있는 사항은 ① 남편의 사후 미국 시민권을 취득하거나(Marital Deduction 혜택을 받을 수 있으므로) 혹은 ② 영주권을 유지하면서 상속세를 본인 사후로 늦출 수 있습니다. 이때 쓰는 방법이 QDOT(Qualified Domestic Trust)입니다. 즉, 피상속인인 배우자가 남긴 재산을 상속받을 때, 상속세 면제액을 초과한 재산에 대해 상속세를 피하기 위해 쓸 수 있는 구조적 장치로서 비시민권자인 배우자도 Unlimited Marital Deduction(무제한의 배우자 공제) 혜택을 누릴 수 있습니다.

다만 주의할 점은, QDOT는 증여 시에는 사용할 수 없으며, 피상속인인 배우자로부터 상속을 받는 경우에만 쓸 수 있습니다. 주로 피상속인인 배우자가 사망 전에 트러스트를 만들고 비시민권자인 배우자를 위해 QDOT(Qualified Domestic Trust) 조항을 본인의 트러스트에 포함시키거나 혹은 상속인인 비시민권자 배우자가 피상속인인 배우자 사후, 피상속인인 배우자 재산에 대한 상속세 보고시 QDOT(Qualified Domestic Trust)으로 상속세 초과금액을 이전하겠다고 밝혀서 상속세를 우선 피할 수 있습니다.

QDOT(Qualified Domestic Trust)으로 넘겨진 재산이 영원히 상속세를 피할 수 있는 것은 아닙니다. 비시민권자인 배우자가 사망하게 되면 해당 트러스트에 남겨진 재산도 상속세 과세대상이 됩니다. 앞서 든 예로 돌아가서, 영주권자인 아내가 200만 달러를 QDOT(Qualified Domestic Trust)에 넣어두었다가 사망하게 되면, 200만 달러도 아내의 재산으로 간주되므로 상속세 과세 대상이 됩니다. 이때 아내가 사망한 해의 상속세 면제액의 크기에 따라 상속인들에게 과세되는 상속세가 정해지게 됩니다. 만약 아내가 사망한 해의 면제액도 1,300만 달러였고, 아내의 총 재산이 1,700만 달러였다면 상속세 면제액 초과금액인 4백만 달러에 대해서 상속세가 부과됩니다.

QDOT(Qualified Domestic Trust)를 통해 상속세 과세 시기를 늦출 수 있는 혜택을 받기 위해 따라야 하는 규제조건도 있습니다. 첫번째, 해당 트러스트의 수탁자는 미국 시민권자 혹은 미국내 법인이어야 합니다. 두번째, 해당 트러스트로 옮겨질 재산의 원금(신탁원본)은 비시민권자인 배우자가 경제적으로 힘들지 않는 이상, 비시민권자인 배우자에게 제공을 하지 않아야 합니다. 이것은 상속세를 면제받은 재산을 사용함으로써 상속세를 면탈하는 것을 막기 위함입니다.

09 / Charitable Trust (자선신탁)

자선의 목적으로 설립되며 소득세 감면 혜택도 있기에 두 마리 토끼를 한꺼번에 잡을 수 있는 트러스트입니다. 자선신탁도 여러 가지 종류가 있으나 최근 많이 쓰이는 방법은 Charitable Remainder Trust입니다. 이 Charitable Remainder Trust의 특징은, 위탁자 생전에 신탁으로 양도한 자산의 일정 부분을 신탁에서 돌려받는 조건으로 신탁에 기부를 하고, 위탁자 사후 신탁에 남아있는 재산을 신탁에서 정해진 자선단체로 기부하는 것입니다. 신탁으로 자산을 양도 시, 위탁자가 살아생전 돌려받는 부분을 제외한 나머지 재산금액을 산정하여 그 금액에 대한 소득공제를 받게 됩니다.

Charitable Remainder Trust는 미세법 664(C) 조항에 의해 소득세에 대한 면제를 받기 때문입니다.

이 종류의 자선신탁은 가격이 많이 오른 자산을 기부하는 방법으로도 많이 쓰입니다. 예를 들어, 애플 주식을 오래전에 샀다면 그 주식을 팔았을 때 내야 하는 양도소득세가 많이 나오게 됩니다. 이때 그 주식을 Charitable Remainder Trust로 양도한 후 팔게 되면 양도소득세를 내지 않고 판매할 수 있습니다. 따라서 가치가 많이 오른 자산을 Charitable Remainder Trust에 양도함으로써 소득공제도 받고 양도소득세를 내지 않고 신탁의 자산을 유동성 재산으로 변환이 가능합니다. 또한 위탁자가 살아있는 동안 본인이 기증한 신탁재산의 일부를 돌려받을 수 있기에, 현금의 흐름도 확보할 수 있는 여러 가지 활용도가 높은 신탁입니다.

10 / Spousal Property Petition (배우자 청원)

미국은 주마다 상속법이 다릅니다. Community Property System(공동재산제도)을 채택하고 있는 캘리포니아주에서는 아무리 부부 중 한 사람의 명의로 되어있는 재산일지라도, 항상 나머지 배우자가 해당 재산의 1/2을 소유하고 있다고 간주합니다.

배우자 청원은 재산이 사망한 배우자의 단독 명의로만 되어있을 때 생존 배우자가 재산을 상속받기 위해 쓰는 법적 절차입니다. 사망한 배우자가 리빙트러스트나 유언장을 통해 본인의 몫에 대한 권리자를 자신의 배우자 외에 다른 사람으로 지정하지 않은 경우에 쓰이며, 일반적인 Probate Administration(상속검인절차)과 달리, 배우자 청원은 절차에 소요되는 기간이 상대적으로 짧습니다.

이는 사망한 배우자 명의의 재산의 상속 1순위가 생존 배우자임을 입증하는 데 초점이 맞춰져 있기 때문입니다. 주로 법원에서 입증을 요구하는 요건은 ① 해당 재산의 형성시기가 부부의 공동 재산임을 보여줄 것(예를 들어 부부의 결혼 후에 생성된 부부 공동재산일 것), ② 캘리포니아주 법원에서 해당 재산을 생존 배우자에게 상속시킬 수 있도록 해당 재산이 캘리포니아주 소재 부동산이거나 캘리포니아주 법원이 구속력을 가질 수 있는 유동재산일 것, ③ 해당 재산의 상속 1순위가 생존 배우자일 것(즉 사망한 배우자가 유언장이나 리빙트러스트를 통해 배우자가 아닌 다른 사람을 권리자로 지정한 것이 아닐 것) 입니다.

위 요건들을 생존 배우자가 입증한 후 법원의 판결을 받아 해당 부동산의 명의를 생존 배우자의 이름으로 변경할 수 있고, 사망한 배우자가 남긴 유동자산이 예금일 경우 이를 인출할 수 있게 됩니다.

11 / Conservatorship (성년후견제도)

정신적으로 혹은 육체적으로 혼자서 생활할 수 없는 성인을 대신해서 의료·생활권 혹은 재정적인 부분을 결정해 줄 법적 보호자를 설정하는 제도를 말합니다. 법원에 성년후견인을 신청하고, 피후견인의 보호자로 선임받게 되는데, 법원에서는 ① 피후견인

미국은 주마다 상속법이 다르기에 성년후견인을 일컫는 용어도 다릅니다. 예를 들어, 캘리포니아주에서는 Conservatorship이라고 부르지만, 네바다주에서는 Guardianship이라고 부릅니다.

이 신체적으로 또는 정신적으로 정말 보호를 받아야 할 상황인지, ② 성년후견인이 피후견인의 보호를 맡기에 적합한 자인지 그리고 ③ 피후견인의 어떤 권리를 대신해서 결정할지를 설정하게 됩니다. 크게 나누어서 의료권과 생활권만 결정해 주는 성년후견인은 "Limited Conservatorship(제한적 성년후견인)"이라고 부릅니다. 재산이 없는 성인을 보호하기 위해서 많이 쓰이는 방법이며, 장애를 가진 성인자녀를 대신해서 부모가 자녀의 의료·생활권에 대한 결정을 대신해 주기 위해서도 제한적 성년후견인 절차를 거칩니다. 반면 의료·생활권 그리고 재정에 대한 결정까지 모두 담당하게 될 때는 "General Conservatorship(일반적 성년후견인)"이 됩니다.

미국도 베이비부머의 고령화가 진행되면서 그런 성인후견인을 필요로 하는 이들도 늘고 있습니다. 주로 배우자 혹은 자녀가 아픈 배우자 혹은 부모를 위해 전반적인 의료·생활권, 재정에 대한 결정을 대신하기 위해서 일반적 성년후견인 절차를 밟습니다. 예를 들어 홀로 남겨진 아버지 혹은 어머니가 인지능력을 상실할 경우 자녀는 부모의 의료결정, 생활권(예를 들어 누구와 만나고, 어디에서 생활할 것인지 등을)을 대신 결정하고, 부모의 재산을 관리하기 위해서 성년후견인 절차를 진행합니다.

❖❖❖ 캘리포니아 가정법원 vs 캘리포니아 상속법원

캘리포니아 가정법원에서는 전반적으로 가정법에 대한 사항을 다룹니다. 즉 이혼, Legal Separation(법적 별거), 양육권에 대한 사항을 다루며 캘리포니아 상속법원과는 분리가 되어있습니다. 캘리포니아 상속법원에서는 상속관련 케이스(유언검인절차, 배우자 청원, 상속분쟁, 트러스트 관련 분쟁 등), 성년후견제도, 미성년후견제도를 다룹니다.

캘리포니아 가정법원과 캘리포니아 상속법원 모두 캘리포니아 공동재산제도를 근간으로 법원이 결정을 합니다.

이혼 케이스와 상속 케이스가 겹칠 때도 있습니다. 예를 들어, 이혼이 끝나기 전에 배우자 한명이 다른 상속자를 유언 혹은 트러스트로 지정치 않고 사망했다면, 남은 배우자가 1순위 상속자가 되는 해프닝이 생기기도 합니다. 따라서, 배우자 외에 다른 이를 상속자로 정하고 싶다면 하루라도 빨리 트러스트를 만들거나 유언장을 작성하는 것이 중요합니다.

> " 배우자 외에 다른 이를 상속자로 정하고 싶다면 하루라도 빨리 트러스트를 만들거나 유언장을 작성하는 것이 중요 "

한국과 미국의 상속 · 증여, 차이를 알면 답이 보인다

CHAPTER II

상속플래닝

01 / 상속·증여세 면제 및 공제제도

?

두 아들과 세 딸이 있는데, 재산을 자녀들 앞으로 증여 또는 상속시 면제액 혜택을 다섯 아이들 각각에게 쓸 수 있을까요?

▶ 미국 연방 증여세 및 연방 상속세가 적용되는 경우입니다.

▶▶▶ 미국의 경우

미국에서는 자녀의 수와 상관없이 증여자(증여를 주는 자) 혹은 피상속인(상속을 주게 되는 자)을 기준으로 면제액이 부과됩니다. 질문자처럼 증여세·상속세 면제액이 각 수증자(증여를 받는 자) 혹은 상속인(상속을 받는 자)의 수만큼 늘어난다고 오해하는 분이 많습니다.

* 증여자 또는 피상속인이 미국 거주 영주권자 혹은 시민권자일 경우

예를 들어, 현재 면제액이 대략 1,300만 달러라고 할 때, 각 증여자 또는 피상속인*은 13장씩 쿠폰을 가지고 있다고 생각하시면 됩니다. 부부라면 각각 13장씩 26장의 쿠폰을 평생 사용할 수 있습니다. 다섯 자녀들에게 26장의 쿠폰을 증여할 때 써도 되고, 상속할 때 써도 됩니다. 남편이 10장의 쿠폰을 살아있는 동안 증여 과정에서 사용했다면 남은 3장의 쿠폰은 상속세를 납부할 때 쓸 수 있습니다.

한편, 수증자(증여를 받는 자)의 수에 따라 많이 쓸 수 있는 혜택도 있습니다. Annual Gift Tax Exclusion(연간 증여세 면제

액)은 증여자 1인당 각 수증자에 대하여 18,000 달러(2024년 기준)입니다. 즉, 한 명의 증여자가 한 명 또는 여러 명에게 각각 18,000 달러 이하를 증여하는 경우 증여세 보고 및 납세의무가 면제됩니다. 이 혜택은 각 수증자 혹은 상속인의 수만큼 누릴 수 있습니다. 질문자처럼 다섯 자녀가 있다면, 9만 달러 (=18,000 달러×5명)까지 증여세가 면제되고, 증여세 보고를 할 필요가 없습니다. 반면 연간 증여세 면제액(18,000 달러)을 초과하여 증여하는 경우, 아직 쿠폰이 남아 있어서 실제 납부할 증여세가 없더라도 증여일이 속하는 연도의 다음해 4월 15일까지 증여세 보고서 (Form 709-A 또는 From 709)를 제출하여야 합니다.

연간 증여세 면제액[*]은 해마다 계속 올라가는 추세입니다. 이러한 연간 증여세 면제액은 사용하지 않는다고 하여 누적되지는 않습니다. 즉 예전에 쓰지 않는 연간 증여면제액은 소멸되므로, 해마다 연간 증여면제액을 제때 사용하는 것이 중요합니다.

▶▶▶ 한국의 경우

한국에서는 피상속인이 사망하기 10년 이전에 자녀에게 증여한 경우에는 증여세만 내면 되고 다시 상속세를 부담하지 않습니다. 그러나 만약 증여를 하고 10년 이내에 증여자인 피상속인이 사망한 경우에는 그 증여재산도 상속재산에 포함시켜서 상속세를 과세하게 됩니다. 물론 증여시점에 납부한 증여세는 상속세 납부 과정에서 공제를 해주지만, 증여재산이 상속재산에 포함됨으로 인해 상속세 누진과세에 따라 과표구간이 높아지는 불이익을 입게 될 수 있습니다. 따라서 증여를 하려면 미리미리 하는 것

[*] 여기서 말하는 증여세 면제액은 "연간 증여세 면제액" 즉 18,000 달러입니다. 이를 초과 시 보고는 해야 하지만 위에서 말한 쿠폰 사용 중이므로 아직 평생 쿠폰을 다 쓰지 않는 한 증여세는 없습니다. 예를 들어, 매년 20,000 달러씩 주었다면, 2,000 달러 (20,000 달러-18,000 달러)만 보고하면 됩니다. 이 초과액이 매년 더해져서 평생 쿠폰 액수를 초과하게 되면 그 때 증여세를 내게 됩니다.

이 좋습니다.

　한국의 증여세는 증여재산이 1억원 이하인 경우 증여재산의 10%, 1억원 초과 5억원 이하인 경우 20%, 5억원 초과 10억원 이하인 경우 30%, 10억원 초과 30억원 이하인 경우 40%, 30억원 초과인 경우 50%입니다(상속세도 동일합니다). 다만 자녀 1인당 5천만원까지(미성년자녀의 경우 2천만원), 배우자는 6억원까지 공제가 됩니다. 그리고 이러한 공제혜택은 10년 단위로 리셋이 되기 때문에 10년마다 이와 같이 공제를 받으며 증여를 할 수 있습니다. 그러나 이러한 **공제혜택은 수증자(증여를 받는 자)가 한국 거주자인 경우에만 받을 수 있습니다.**

한국의 상속증여세율

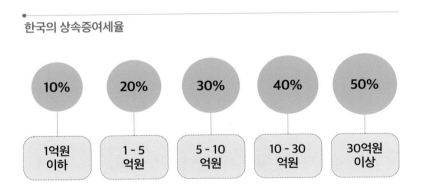

상속세의 경우 배우자는 최소 5억원에서 최대 30억원까지 공제를 받을 수 있습니다. 배우자가 실제로 상속받은 금액이 없거나 상속받은 금액이 5억원보다 적으면 무조건 5억원을 공제해줍니다. 그리고 배우자가 실제로 상속받은 금액이 있으면 법정상속분과 30억원 중 작은 금액을 공제해 줍니다(예를 들어 배우자의 법정상속분이 10억원이면 10억원을 공제해 주고, 배우자의 법정상속분이 40억원이면 30억원을 공제해 줍니다). 자녀는 5억원을 공제받을 수 있는데, 이 금액은 자녀수와 상관없이 동일합

니다. 즉 자녀가 1명이든 5명이든 5억원을 공제받을 수 있습니다. 결국 한국에서는 상속재산이 10억원을 넘지 않으면 대체로 상속세가 나오지 않는다는 결론에 이르게 됩니다(배우자가 5억원, 자녀가 5억원을 공제받으므로). 이러한 **공제혜택은 피상속인이 한국 거주자인 경우에만 받을 수 있습니다.**

한국에서는 증여세 공제혜택을 받았다고 해서 그만큼 상속세에서 공제를 못받는 시스템이 아닙니다. 즉 한국에서는 증여세와 상속세가 원칙적으로 별개입니다. 미국처럼 총 쿠폰수가 정해져 있어서 그 쿠폰을 증여에서든 상속에서든 마음대로 혼합해서 사용할 수 있는 시스템이 아닙니다. 한국에서는 증여를 받는 수증자의 수에 따라 증여세 면제액이 달라지는 것이 미국과의 큰 차이점이라고 할 수 있습니다.

> **참고** 한국의 상속세 과세방식은 미국과 같이 상속재산 자체를 과세대상으로 하는 유산세방식입니다. 따라서 상속인들이 실제 얼마의 상속재산을 취득하는지와 상관없이 전체 상속재산을 기준으로 상속세를 계산합니다. 이것은 상속인들이 상속재산분할에 따라 실제 취득하는 재산을 과세대상으로 하는 유산취득세방식에 비해 상속세가 훨씬 더 많이 나오기 때문에 납세자들에게 불리한 방식입니다. 이에 대해서는 현재 한국에서도 유산취득세방식으로 변경해야 한다는 입법론이 많이 제기되고 있는 상황입니다.

02 / 증여 계획

아들이 곧 결혼하는데 며느리와 아들에게 저희가 가지고 있는 부동산 중 집 한 채를 증여하고 싶습니다. 혹시라도 며느리와 아들이 나중에 이혼하게 되면 그 집을 다시 돌려받고 싶어서, 명의만 아들 이름으로 해두었으면 싶은데 괜찮을까요?

▶ 캘리포니아 법령에 의거한 사항을 중점적으로 말씀드립니다.

▶▶▶ 캘리포니아주의 경우

많은 분들이 질문자처럼 한 번 증여를 하면 취소가 불가능하다는 것을 모르고 있습니다. 부동산 명의 또는 계좌 명의에 자녀의 이름이 올라가는 순간 자녀가 그 재산의 주인이 됩니다. 따라서 만약 아들이 부모보다 먼저 사망하게 될 경우 그 재산을 부모가 돌려받는 것이 아니라 사망한 아들의 배우자와 자녀(즉, 손자녀)가 상속권을 갖게 됩니다.

아마도 아들이 결혼하기 전에 증여해야 아들의 Separate Property(개인재산)로 간주되어 아들이 혹여나 이혼할 경우에 며느리가 권리를 주장하지 못할 것이라는 생각에 결혼 전 증여를 원하셨나 봅니다. 그러나 결혼 전 증여인지, 결혼 후 증여인지와 관계없이 이는 Separate Property(개인재산)와 Community Property(공동재산)의 구분에 달려 있는 문제입니다.

캘리포니아 주법에 따르면, Separate Property(개인재산)이라 해도 Community Property(공동재산)로 간주될 수 있습니다. 따라서 아들이 본인의 Separate Property(개인재산)를 계속 Separate Property(개인재산)로 지키기 위해서는, Community Property(공동재산)적인 요소가 섞이게 하면 안됩니다. 여기서 Community Property(공동재산)적인 요소라 함은 아들의 노동력·노력·시간이 그 재산에 투입되는 경우입니다. 예를 들어 부모에게 증여받을 당시 그 부동산의 시가가 50만 달러이고 아들이 결혼 기간 동안 일을 해서 Mortgage(모기지) 융자를 20만 달러를 갚았다고 가정해 보겠습니다. 아들의 이혼 당시 부동산이 80만 달러가 되었다면, Mortgage(모기지) 융자 상환금액 20만 달러의 절반(10만 달러) 및 결혼 기간 동안 늘어난 부동산 가치 30만 달러의 절반(15만 달러)으로 총 합쳐서 25만 달러에 대해 아들의 배우자가 권리를 주장할 수 있습니다.

반대로 아들이 부동산 융자 금액을 부동산 임대료에서 대신 냈고, 부동산 운영도 부동산 매니지먼트 전문 회사에 맡겼다면, 본인의 노동력과 재산을 쓰지 않았으므로 아들의 개인재산으로 주장하기가 훨씬 용이해집니다. 또 다른 방법으로는 아들이 Prenuptial Agreement(혼전계약서)를 작성하면서 부모에게서 결혼 전 받은 재산은 자신의 개인재산임을 명시하게 할 수도 있습니다.

▶▶▶ 한국의 경우

집을 아들과 며느리에게 증여하고 싶은데 나중에 아들 내외가 이혼을 하게 될까봐 걱정이 된다면 그냥 아들에게만 증여를 하는

> " Separate Property (개인재산)이라 해도 Community Property (공동재산)로 간주될 수 있습니다. "

* 미국법상 "Separate Property (개인재산)"와 유사한 성질의 재산이라고 생각하시면 됩니다.

것이 좋습니다. 며느리에게 절반을 증여할 경우 그 증여한 지분은 며느리의 특유재산*이 될 수 있기 때문입니다. 부부가 이혼할 때 재산분할의 대상이 되는 것은 원칙적으로 부부가 함께 모은 재산, 즉 공동재산만 그 대상이 됩니다. 부부가 각자 자기 명의로 취득한 재산은 각자의 특유재산에 해당되어 재산분할 대상이 되지 않는 것이 원칙입니다.

다만 그 집을 아들에게만 증여해 준다 하더라도 나중에 이혼을 할 경우 그 집이 아들의 특유재산으로서 재산분할 대상에서 완전히 제외될 수 있다고 100% 장담할 수는 없습니다. 원칙적으로 부모로부터 증여받은 재산은 수증자(증여를 받은 자)의 특유재산으로 보지만, 아무리 특유재산이라 하더라도 상대방 배우자가 그 재산의 유지 및 가치증가에 기여했다고 볼 수 있는 경우에는 재산분할의 대상이 될 수 있기 때문입니다. 예컨대, 증여받은 재산이 상가건물인 경우 그 상가건물을 관리하는 데 상대방 배우자가 일정한 기여를 했을 수 있습니다(유지보수, 세금납부, 임대차관리 등). 그리고 그 부동산을 담보로 대출을 받았는데 그 대출을 부부가 함께 갚은 경우(아내가 가사와 육아를 책임지는 전업주부이고 남편이 직장에서 번 돈으로 갚은 경우라도 무방)에도 그 부동산의 유지에 기여를 했다고 볼 수 있습니다. 이런 측면에서는 미국과 한국이 매우 비슷하다고 볼 수 있습니다.

따라서 아들이 이혼할 때 아들의 특유재산에 대한 며느리의 기여를 배제하고 싶다면, 그 재산을 신탁에 맡겨서 Trustee(수탁자)로 하여금 온전히 그 재산을 관리하도록 하거나 부동산 관리회사로 하여금 관리하도록 하는 것이 좋은 방법이 될 수 있습니다. 이런 경우 며느리가 그 부동산의 유지관리에 기여를 했다고 보기가 쉽지 않기 때문입니다. 그리고 미국에서의 경우와 마찬가지로 부동산에서 나오는 임대료로 그 부동산을 관리하고 융자를 갚은 것이라면 이 역시 며느리의 기여를 배제할 수 있는 좋은 요소입니다.

참고 **재산의 무상이전과 세금문제**

부모가 소유한 부동산을 상속으로 물려주는 경우와 증여로 물려주는 경우에 자녀가 납부해야 할 세금에 차이가 생길 수 있습니다. 일단 부동산은 시간이 흐를수록 가격이 상승할 가능성이 높은 자산입니다. 따라서 부모가 사망할 때 물려주는 것보다는 살아 있을 때 증여해 주는 것이 세금이 더 적을 가능성이 높습니다. 또한 부모가 사망하기 10년 이전에 증여를 하면 그 증여재산은 상속재산에 가산되지 않기 때문에 상속세 누진과세의 대상에서 벗어날 수 있습니다. 또한 자녀가 여러 명일 경우 그 자녀들에게 부동산을 각각 물려주거나 지분을 물려줄 때에도 증여가 상속보다 세금이 더 적습니다. 왜냐하면 **증여세는 수증자(자녀)들이 각자 받는 재산가액에 대해서 개별적으로 부과되지만, 상속세는 전체 상속재산에 대해서 한번에 부과되기 때문입니다**(유산세방식).

한국의 양도소득세

양도소득세는 기본적으로 미국과 큰 차이가 없습니다. 부모가 가진 부동산을 매각해야 할 경우, 부모가 매각해서 양도소득세를 납부한 다음에 남은 돈을 자녀에게 증여하는 경우보다는, 소득이 낮은 자녀에게 부동산을 증여한 후 자녀로 하여금 매각하도록 하는 것이 양도소득세가 더 적게 나올 것입니다. 다만 양도소득세는 적게 나오더라도 증여세가 훨씬 많이 나올 수 있기 때문에 플랜을 세울 때 미리 예상되는 증여세와 양도소득세를 비교한 후에 결정할 필요가 있겠습니다.

공시지가는 국가에서
정하는 기준가격으로서
통상 시가보다 낮습니다.

한편 한국은 미국과 달리 Step-up in Basis라는 혜택이 없습니다. 한국에서는 부동산의 가격이 공시지가와 시가로 나뉘어집니다. 공시지가는 국가에서 정하는 기준가격으로서 통상 시가보다 낮습니다. 원래 상속세 신고는 시가로 해야 하지만, 시가 확인이 어려운 부동산(예컨대, 상가건물, 대지, 임야, 논밭 등)은 공시지가로 상속세 신고를 할 수 있습니다. 위 미국의 예 [p.56 참조]와 같이, 부모가 몇십 년 전에 30만 달러에 구입한 부동산이 상속개시 시에 100만 달러가 되었을 경우 나중에 자녀가 그 부동산을 110만 달러에 팔았을 때 자녀가 내야 하는 양도소득세는 애초에 상속세 신고를 공시지가로 했는지 아니면 시가로 했는지에 따라 달라집니다. 상속개시 당시 이 부동산의 시가는 100만 달러이지만 공시지가는 70만 달러라고 가정할 경우, 자녀가 상속세를 공시지가 70만 달러로 신고한 다음 110만 달러에 양도하게 되면 110만 달러과 70만 달러의 차액인 40만 달러에 대한 양도소득세를 내야 합니다. 만약 자녀가 시가대로 상속세 신고를 한 다음에 양도를 한다면 110만 달러과 100만 달러의 차액인 10만 달러에 대해서만 양도소득세를 내면 됩니다.

03 재혼 전 고려해야 할 상속계획

와이프와 사별한 후, 새로운 여자 친구를 만난 지 5년 가까이 되었습니다. 저와 와이프 사이에는 성인 자녀 둘이 있습니다. 여자 친구는 결혼을 원하는데, 그동안 제가 일군 재산도 상당하고 사업도 여전히 번창하는 중이라, 여자 친구와 재혼하게 되면 제가 세상을 떠난 후 제 아이들과 새 배우자 간 상속분쟁으로 상속이 원하던 대로 잘 되지 않을 것 같아 걱정이 듭니다.

▶▶▶ 캘리포니아주의 경우

통상 재혼 후 새 배우자에게 상속을 하고 싶은 마음이 점점 커져 가는 경우가 많습니다. 재산에 대한 명확한 경계선이 없는 경우(무엇이 개인재산이고 무엇이 공동재산인지, 특정 재산에서 개인재산 대 공동재산의 비율이 얼마인지 명확하지 않은 경우) 자녀들 간의 상속 분쟁, 혹은 현 배우자와 전처 소생 자녀 사이의 소송은 어쩌면 당연한 일일 수 있습니다. 따라서 그들 사이에서의 상속 분쟁이 안 생기도록 최대한 준비해 놓는 것이 필요합니다.

캘리포니아 주법에 따라 답변을 드리면, Separate Property(개인재산)와 Community Property(공동재산)를 먼저 구별해야 합니다. 질문자가 재혼 전에 일궈낸 재산은 Separate Property(개인재산)로 분류되겠지만, 사업이 여전히 번창하는 중이라면, 재혼 후 새 와이프와의 결혼생활 중에 늘어난 재산은 Community Property(공동재산)로 간주될 것입니다. 그리고 Separate Property(개인재산)마저도 재혼 전에 잘 분리해 두지 않으면 Community Property(공동재산)의 일부가 될 수도 있습니다.

그럼 구체적으로 개인재산과 공동재산을 어떤 방법으로 분리해 두는 것이 좋을까요?

먼저, Separate Property(개인재산)가 새 배우자에게 상속되길 원치 않는다면, 기존에 있던 생전신탁을 반드시 업데이트하거나 또는 새로 만드는 생전신탁에 새 배우자의 이름을 밝히고 그 배우자에게 남기고 싶지 않음을 명시해야 합니다. 피상속인이 원치 않은 상속인이 있다면 생전신탁에 그 상속인에게는 어떤 재산도 상속하지 않겠다는 명시를 할 수 있습니다. 하지만 새 배우자와 재혼 후 Community Property(공동재산)가 생기기 때문에 Community Property(공동재산)의 절반에 대해서는 새 배우자의 몫이 되므로, 설사 생전신탁에 상속 박탈을 명시하더라도 인정되지 않습니다. 다시 말해 재혼 후 피상속인이 혼자만 일을 했다는 사유로 모든 재산이 본인의 개인재산이라고 착각해서는 안됩니다.

다음으로, 재혼 전에 Prenuptial Agreement(혼전계약서)를 작성하여 이미 일궈 놓은 Separate Property(개인재산)에 대한 권리를 상대 배우자가 행사하지 못하도록 해야 자녀들에게 원하는 상속을 보장해 줄 수 있습니다. 이 경우 혼전계약서에는 개인재산의 목록을 모두 상대에게 알림으로써 상대가 어떤 재산을 포기하는 것인지, 즉 본인이 포기하는 권리에 대해 정확히 알고 포기하도록 해야 합니다.

▶▶▶ 한국의 경우

많은 자산을 모은 사업가가 전처와 이혼 내지 사별한 후 늦은 나이에 재혼을 할 때에는 자녀와의 갈등이 커지는 경우가 많습니다. 아버지가 어머니와 평생을 고생해서 모은 재산이 재혼한 새로운 아내에게 넘어갈 수도 있다는 걱정 때문입니다. 이로 인해 재혼을 하기 전에 미리 재산관계를 정리해 두고 싶어하는 분들이 많습니다. 문제가 생기는 국면은 크게 두 가지 경우입니다. 첫째는 재혼한 아내와 다시 이혼을 하게 되어 재산분할 문제가 생기는 경우이고, 둘째는 재혼한 아내와 전처 소생 자녀들 간에 상속 분쟁이 생기는 경우입니다.

부부의 일방이 혼인 전에 가지고 있던 재산은 그의 특유재산으로서 이혼할 때 원칙적으로 재산분할대상이 아닙니다.* 그러나 앞에서도 말씀드린 것처럼, 아무리 특유재산이라 하더라도 상대 배우자가 그 재산의 유지 및 가치증가에 기여했다고 볼 수 있는 경우에는 재산분할의 대상이 될 수 있습니다. 혼인기간이 길어질수록 특유재산이라도 그 재산을 유지하는 데 있어서 상대 배우자의 기여가 있다고 볼 가능성이 높아집니다. 이점은 한국과 미국의 상황이 비슷하다고 볼 수 있습니다.

그렇다면 미국처럼 혼전계약서를 작성하는 것은 어떨까요? 한국에도 부부가 혼인 전에 미리 부부재산에 관한 계약을 할 수 있

> *부부의 일방이 혼인 전부터 가진 재산과 혼인 중에 자기 명의로 취득한 재산을 특유재산이라 합니다(민법 제830조). 특유재산은 미국법상 "Separate Property (개인재산)"와 유사한 성질의 재산이라고 생각하시면 됩니다. 특유재산은 부부가 혼인 중에 각자 관리, 사용, 수익할 수 있습니다(제831조). 그러나 이혼할 때에는 특유재산이라 하더라도 그 재산의 유지와 가치증대에 상대방 배우자의 기여가 있는지를 따져서 재산분할 여부를 결정합니다.

습니다. 이것을 부부재산약정이라 합니다. 대체로 재산의 소유관계(재산을 누구의 소유로 하는가), 관리관계(재산관리를 누가 하는가), 책임관계(채무를 누가 책임지는가), 청산관계(이혼시 부부의 재산을 어떻게 청산할 것인가) 등이 그 주된 내용이 됩니다. 이중에서 특히 중요한 것이 청산관계입니다. 즉 이혼시에 부부의 재산관계를 어떻게 청산할 것인가를 미리 정해두는 것입니다. 부부재산약정으로 이혼시 재산분할 문제를 미리 정할 수 있는지에 관해 과거에는 부정하는 견해가 많았지만, 최근에는 이를 인정하는 견해가 늘어나고 있습니다. 한국 민법은 부부재산약정의 내용에 대해 어떠한 제한도 두고 있지 않기 때문에 반사회적이거나 심히 불공정한 내용만 아니라면 부부재산에 관한 어떠한 내용의 계약도 가능하다고 볼 수 있습니다. 그리고 외국의 입법례를 보더라도 혼전계약을 체결하는 가장 중요한 이유가 이혼시 재산분할 문제를 사전에 정해두기 위함이라는 점을 고려해 볼 때, 한국의 경우에도 부부재산계약으로 이혼시 재산분할 문제를 미리 정해 둘 수 있다고 생각합니다. 다만 재산분할청구권 자체를 포기하는 식의 약정은 허용될 수 없습니다. 한국과 달리 미국에서는 재산분할청구권을 포기하는 혼전계약서도 유효하다는 차이가 있습니다.

반면 한국에서는 상속계약이 허용되지 않기 때문에 부부재산약정으로 배우자의 상속분을 미리 지정해둘 수는 없습니다. 따라서 부부재산약정으로 상속관계를 규율할 수는 없고 상속을 대비하기 위한 수단으로 사용할 수 없습니다. 결국 사망을 하게 되면 배우자가 가지고 있던 재산은 모두 상속재산이 되어 법정상속분에 따라 배우자에게 상속됩니다. 이를 막기 위해 재혼 전에 재산을 자녀들에게 미리 증여하는 것을 생각해 볼 수 있습니다. 그러나 그렇게 하더라도 배우자의 유류분반환청구를 막기는 어려울 수 있습니다. 미국과 달리 한국에는 유류분제도가 있어서 유언이나 증여로부터 배제된 상속인은 자신의 법정상속분의 절반에 대한 권리를 가지게 됩니다. 이것을 유류분권이라 합니다. 유언대용신 탁*에 맡겨둔 재산은 일정한 요건을 갖추면 유류분반환대상에서 제외될 수 있다는 하급심 판결(수원지방법원 성남지원)이 있기는 하지만, 이것은 대법원 판결이 아니기 때문에 이 판결만을 근거로 재혼한 배우자의 유류분청구를 막을 수 있다고 단정짓기는 어렵습니다. 결론적으로 생전증여나 유언 등을 통해 재혼한 배우자의 상속을 제한하더라도 유류분까지 완전히 막는 것은 현실적으로 어렵다고 볼 수 있습니다.

* 미국에서 말하는 Living Trust
(생전신탁)와 유사한 개념으로
이해하면 됩니다.

04 수탁자 선정

어머니는 오래전에 돌아가셨습니다. 그리고 아버지는 돌아가시기 전에 트러스트를 만들었고, 가까이 사는 큰 누나를 Successor Trustee(승계수탁자)이자 Executor(유언집행자)로 지정하셨습니다. 그런데 큰 누나가 Successor Trustee(승계수탁자)이자 Executor(유언집행자)로서 일방적으로 재산을 처분했습니다. 다른 동생들의 의견을 묻지 않고 독단적으로 재산을 판매했으며, 재산을 제대로 관리하지 않아서 각 상속인들이 받을 재산에 손해를 끼쳤습니다. 이런 경우 손해배상을 받을 수 있을까요?

▶▶▶ 캘리포니아주의 경우

Trustee(수탁자)로서의 배임을 입증할 수 있다면 손해배상을 받을 수 있습니다. 수탁자는 다른 사람의 재산을 관리하고 전달하는 사람인 만큼 많은 Duty of Care(선관주의의무)와 Duty of Loyalty(충실의무)를 부담합니다. 다시 말해 수탁자는 신탁재산을 관리하는 데 있어 선량한 관리자로서 주의의무를 다해야 하고, 신탁재산을 관리함에 있어서 본인의 이해관계를 배제하고 Beneficiary(수익자)의 이익을 위해 그 의무를 충실히 이행해야 합니다.

질문자는 다른 형제자매들과 함께 누나의 결정들이 "합리적이지 못했음"을 밝히거나, 수탁자로서의 의무를 위반했음을 증명해야 합니다. 입증이 된다면, 수탁자는 이러한 Fiduciary Duty(신임의 무위반)에 대해 개인적으로 책임을 져야 합니다. 개인적으로 책임을 진다는 의미는 신탁재산이 아닌 개인재산으로 배상해야 한다는 것입니다.

한편 이와 같은 문제가 생기는 것을 막을 수 있는 대안으로 Alternate Successor Trustee(대체승계수탁자)를 설정하거나 Co-Successor Trustees(공동수탁자)를 설정하는 것을 고려해 볼 수 있습니다. 영화에서 종종 볼 수 있듯이, 예전에는 모든 서류가 우편으로만 전달되고 일일이 타자기로 타자를 쳐서 서류들을 작성했기 때문에 Successor Trustee(승계수탁자)를 부모 가까이에 있는 자녀 한 사람으로 지정해서 일 처리를 맡기는 것이 일반적이었습니다. 하지만 요즘은 모든 서류들을 온라인상에서 쉽게 공유할 수 있으며, 심지어 서명까지도 온라인으로 할 수 있는 세상이니 굳이 한 자녀에게만 일임할 필요가 없어졌습니다. 예를 들어 자녀가 셋이라고 가정해 보겠습니다. 세 명 모두를 후임수탁자로 하되, 대체 후임수탁자로 설정했다면 각 자녀가 순서대로 수탁자의 역할을 맡는 것입니다. 첫째가 먼저 맡다가 수탁자의 임무를 못하게 되거나 제대로 이행을 못할 경우 둘째가, 둘째가 못하면 셋째가 맡게 되는 방식입니다. 반면 공동수탁자는 자녀 셋이 공동으로 수탁자가 되는 것이며, 각각의 수탁자가 자신의 결정에 대한 책임을 지게 됩니다. 또한 Trustor(위탁자)가 원하면 수탁자의 횡령 이슈가 발생하지 않도록 재산 등기 이전 혹은 처분을 위해서는 수탁자 세 명 모두의 서명이 요구되도록 만들 수도 있습니다.

> "
> Alternate Successor Trustee(대체승계수탁자)를 설정하거나 Co-Successor Trustees(공동수탁자)를 설정하는 것을 고려해 볼 수 있습니다.
> "

유언대용신탁*을 할 때 보통은 금융기관을 수탁자로 하는 경우가 일반적입니다. 이렇게 금융기관이 수탁자인 경우에는 수탁자가 신탁의 취지에 위반하여 신탁재산을 마음대로 처분하는 일은 일어나기 어렵습니다. 문제가 생기는 경우는 대부분 개인을 수탁자로 했을 때일 것입니다. 이렇게 수탁자가 신탁의 취지에 위반되게 신탁재산을 관리하거나 처분함으로써 신탁에 손해가 발생하는 경우, 수익자로서 취할 수 있는 조치 내지 행사할 수 있는 권리로는, 유지청구권, 수익자취소권, 손해배상청구권, 원상회복청구권 등이 있습니다.

유지청구권은, 수탁자가 법령 또는 신탁계약을 위반하거나 위반할 우려가 있고 그러한 행위로 인해 신탁재산에 회복할 수 없는 손해가 발생할 우려가 있는 경우에 수익자로 하여금 수탁자에게 그 행위를 중지할 것을 청구할 수 있는 권리입니다(신탁법 제77조). 수익자취소권은, 수탁자가 신탁의 목적을 위반하여 신탁재산에 관한 법률행위를 한 경우에 상대방이나 그 후의 전득자(신탁재산을 새로 취득한 자)가 그 법률행위 당시에 수탁자가 신탁목적을 위반하였다는 사실을 알았거나 중대한 과실로 알지 못하였다면 수익자가 그 법률행위를 취소할 수 있는 권리입니다(신탁법 제75조). 이러한 취소권 행사를 통해서 수익자는 신탁재산을 회복할 수 있게 됩니다. 한편 수익자로서는 이러한 취소권을 행사하지 않고 원상회복이나 손해배상을 청구할 수도 있습니다(신탁법 제43조). 이때 손해배상은 수탁자의 고유재산으로도 책임을 져야 합니다.

*미국에서 말하는 Living Trust (생전신탁)와 유사한 개념으로 이해하면 됩니다.

참고로 수탁자가 신탁법상 수탁자의 의무를 위반한 경우에는 비록 신탁재산에 손해가 발생하지 않았다 하더라도 수탁자가 그로 인해 이득을 얻은 것이 있다면 그 이득을 신탁재산에 반환해야 합니다. 이를 이득반환책임이라 합니다(신탁법 제43조 제3항). 이것은 미국도 마찬가지입니다.

05 트러스트 종류에 따른 부부간의 상속배분 계획

> 저희 부부는 슬하에 두 자녀가 있습니다. 남편이나 제가 사망 시에, 남은 배우자가 재산의 100%를 상속받아 살다가 그 배우자가 사망 시에 남은 모든 재산이 두 자녀에게 상속되길 원합니다. 어떤 타입의 트러스트를 만들어야 할까요?

▶▶▶ 캘리포니아주의 경우

부부가 공동으로 Living Trust(생전신탁)를 만들었을 경우, 두 번의 Trust Administration(상속집행)이 진행됩니다. 첫번째 상속집행은 배우자 중 한 명의 사망 시에 배우자 간의 분배 문제를 결정하고, 두번째 상속집행은 남은 배우자의 사망 시에 남아있는 모든 재산을 Trust(신탁)에 있는 지침에 따라 상속하게 되는 과정입니다.

캘리포니아주는 부부 공동재산(Community Property)제도를 따르고 있기 때문에 별다른 Will(유언장)이나 Trust(신탁)가 없다면 배우자의 사망시에 생존 배우자는 사망한 배우자의 공동재산 몫인 50%를 모두 상속받게 됩니다.* 즉 사망한 배우자 몫(공동재산의 50%)을 생존 배우자가 상속받음으로써, 생존 배우자 본인의 공동재산 몫 50%과 합쳐서, 공동 재산의 100%를 온전히 향유할 수 있습니다. 단, 사망한 배우자의 개인재산인 경우에는 유언장이나 트러스트가 없으면 캘리포니아주법에 따른 무유언상속을 하게 됩니다(이 사례의 경우에는 배우자 1/3, 나머지 2/3를 자녀들이 동등하게 배분).

이처럼 어차피 공동재산의 100%가 모두 배우자에게도 상속됨에도 Trust(신탁)를 만드는 이유는, 부부 동시 사망 시를 대비하거나 혹은 한 배우자가 사망하고 남은 배우자가 상속플래닝을 하지 않고 사망 시 상속법원 Probate(검인절차)를 거치지 않기 위해서입니다. 이렇게 배우자 간의 상속 분배를 100%로 정하는 이런 종류의 트러스트를 'Probate Avoidance Trust(검인절차 회피를 위한 신탁)'라고 하며, 좀더 간단히는 A 트러스트라고도 일컫는다고 말씀드렸었습니다.

A 트러스트가 가장 간단한 트러스트이긴 하나 재산의 규모가 큰 경우는 100%를 모두 받은 배우자마저 사망시, 남은 자녀들이 부담해야 할 상속세 이슈가 크기 때문에 A 트러스트보다는 'A·B 트러스트'를 만들 것을 권합니다. 한 배우자의 사망 시에 부부의 공동재산을 절반으로 나누어서, 사망한 배우자의 재산은 B 트러

스트에 넣고 생존 배우자의 재산은 A 트러스트로 넣게 됩니다. 대부분의 Living Trust(생전신탁) 서류에서는 A 트러스트를 "Survivor's Trust(생존자 신탁)", B 트러스트를 "Bypass Trust (우회신탁)" 혹은 "Exemption Trust(면제신탁)" 혹은 "Decedent's Trust(사망자 신탁)"라고 부릅니다.

남편의 사망 시에 절반(남편의 몫에 해당하는 50%)을 B 트러스트에 넣음으로써 그 때의 1인당 면제액 혜택을 사용하고 상속세 신고도 완료합니다. 아내의 몫 절반은 A 트러스트에 넣어서 아내가 살아있는 동안 쓰다가, 이후 아내의 사망 시에 남아있는 재산은 Beneficiary(수익자)인 자녀들에게 상속됩니다. **자녀들이 부담해야 할 상속세를 계산할 때, A 트러스트에 있는 재산만이 상속세 대상이 되므로 A·B 트러스트는 유산 상속세 절세 효과를 가집니다.**

A 트러스트와 B 트러스트로 재산을 분할하면, 남은 배우자는 자신의 몫(50%)인 A 트러스트에 대해서는 모든 권한을 가지고 있지만, 사망한 배우자의 몫(50%)인 B 트러스트에 대해서는 B 트러스트에 있는 재산에서 나오는 Income(수입)만 받을 수 있습니다. 즉 B 트러스트 재산의 Principal(원금)은 수익자인 자녀들을 위해 보장되어야 합니다.

A 트러스트는 생존 배우자가 모든 권한을 가지기 때문에 트러스트에서 나오는 Income(수입)은 물론이고 Principal(원금)도 원하는 대로 처분을 할 수 있습니다. 그리고 A 트러스트에 있는 재산에 대해선 본인만의 별도 유언장·트러스트를 만들어서 원하

는 수익자에게 상속케 할 수 있습니다. 반면에 B 트러스트에 있는 재산은 자녀들에게 보장되어 있는 몫이므로 대부분의 경우 수익자를 바꿀 수 없습니다.

이런 이유로 A·B 트러스트가 많은 경우 좋은 선택이기도 합니다. A 트러스트를 만들었을 경우에는 아내의 사망 후 남편이 재혼을 해서 본인의 재산을 100% 새 아내에게 상속을 한다 해도 막을 수가 없습니다. 모든 재산에 대한 권리를 가졌기 때문입니다. 새 아내와 자녀들 간의 상속분쟁이 상당한 비율을 차지하는 게 현실입니다. 반면에, A·B 트러스트를 만들면 남편이 재혼을 하더라도 아내의 재산을 B 트러스트에 묶어 두었기 때문에 자녀들에게 절반은 보장이 될 수 있습니다.

이와 같은 각 트러스트의 장점을 고려해서, 한 배우자의 사망 시에 A 트러스트 또는 A·B 트러스트를 선택할 수 있는 "Disclaimer Trust(포기신탁)"도 고려하실 수 있습니다. 한 배우자의 사망 시에 남은 배우자가 상속집행을 할 때 재산분할 과정에서 100% 모든 권한을 가지기를 원한다면 그 때 A 트러스트를 선택할 수 있습니다. 또한 100% 모든 권한을 가질 수 있는 권리를 Disclaim(포기)하고 A·B 트러스트를 선택할 수도 있습니다. 그 선택은 그 때의 상속세 면제액 한도와 자녀들에게 상속을 보장하기를 원하는지 여부에 달려있습니다.

이와 같이 트러스트들은 각각의 특징이 있고, 부부간의 상속재산 배분계획 수립시 어떠한 타입을 선택하느냐에 따라 그 결과가 달라질 것입니다. 상속세 절감 전략과 배우자의 재혼시 염려되는지 등 각 가정마다 상황이 다르기 때문에 전문가의 상담을 통해 추후에 후회하지 않는 상속플래닝을 해야 합니다.

▶▶▶ 한국의 경우

부부의 공동재산이든 부부 일방의 특유재산*이든 부부 중 한 사람이 먼저 사망한 경우 모든 재산을 생존 배우자가 상속받도록 하고, 그 생존 배우자가 사망하면 딸들이 상속받도록 하는 것은 유언으로는 불가능합니다. 일단 재산이 생존 배우자에게 넘어가게 되면 생존 배우자가 그 재산에 대한 소유권자가 되고, 그렇게 되면 그 생존 배우자가 무제한의 소유권을 행사할 수 있기 때문에, 생존 배우자는 자기 재산을 얼마든지 마음대로 처분할 수 있습니다. 따라서 생존 배우자가 재산을 소유하다가 사망하면 남은 재산을 딸들에게 이전시키도록 유언장을 작성하더라도 그 유언은 효력이 없습니다.

그렇지만 한국에는 수익자연속신탁이라는 제도가 있습니다. 이것은 위탁자가 생전에는 자기 자신을 수익자로 하고, 위탁자 사망시 배우자를 1차 사후수익자로 하고, 그 배우자 사망시 자녀를 2차 사후수익자로 하는 것과 같이 수익자를 연속시키는 방식입니다(신탁법 제60조). 이를 위해서는 위탁자가 수탁자와 신탁계약을 체결해서 재산을 신탁재산으로 만들어야 합니다. 그리고 위탁자 본인의 생전 동안에는 그 신탁재산으로부터 나오는 수익을 본인이 취득하다가, 위탁자가 사망하면 위탁자가 누리던 수익권을

*미국법상 "Separate Property (개인재산)"와 유사한 성질의 재산이라고 생각하시면 됩니다.

1차 사후수익자인 배우자에게 이전시켜서 배우자가 수익을 누리고, 그 배우자도 사망하면 2차 사후수익자인 딸들에게 신탁재산이 완전히 이전되도록 하는 것입니다. 이 과정에서 재산(신탁원본)은 계속 신탁에 넣어둔 채 수탁자의 관리를 받아야 합니다. 법률상 소유권을 수탁자가 가지는 셈이 되기 때문에 1차 사후수익권을 가지는 배우자로서는 그 원본재산을 마음대로 처분할 수 없는 것입니다(원본재산은 2차 사후수익자인 딸들에게 이전시켜야 하기 때문). 따라서 수탁자를 은행과 같이 반영구적인 기관으로 설정하지 않고 개인으로 설정한 경우에는 그 개인 수탁자가 사망하는 등으로 인해 수탁자의 역할을 할 수 없는 경우를 대비하여 Successor Trustee(승계수탁자)를 지정해둘 필요가 있습니다.

06 상속 계획의 필요성

남편과 저는 둘다 40대이고, 집 한 채가 있습니다. 주위에서 Trust(신탁)를 만들어야 한다고 하는데 젊은 나이에도 필요할까요? 둘이서 증인 참석 하에 유언장을 작성하는 것으로도 충분하지 않을까요?

▶▶▶ 캘리포니아주의 경우

한국은 가족관계증명서 등 공적장부가 잘되어 있기 때문에 상속등기절차 진행이 비교적 용이합니다. 가족관계증명서를 보기만 해도 상속인이 누구인지 바로 알 수 있고, 등기소를 통해 법정 상속분대로 재산을 간단히 상속받을 수 있는 절차 등이 마련되어 있기 때문입니다. 반면 미국은 출생증명서는 있지만, 서로가 한 가족이라는 가족관계증명서가 없습니다. 이로 인해 가족들이 등기사무소를 통해 법에 따라 1/N로 재산을 간단히 상속받을 수 있는 절차가 없기 때문에 본인이 원하는 대로 상속을 하려면 미국에서는 더욱더 유산상속계획을 미리 할 필요가 있습니다.

캘리포니아 상속법에 의하면, 피상속인이 소유한 집 혹은 사업체의 규모가 18만 4천5백 달러*를 초과하면, 기본적으로 상속법원의 Probate(검인절차)의 대상이 됩니다. 이때 재산이 18만 4천5백 달러를 초과했을 시 유언장만 남겼다면 여전히 Probate(유언검인절차)를 통해서만 상속인들이 상속을 받을 수 있습니다. (이는 Probate(유언검인절차)를 거치지 않고 유언장을 통해서 상속받을 수 있는 금액의 한계치가 18만 4천5백 달러이기 때문입니다) 이때 상속인들은 Probate(유언검인절차)에서 소요되는 상당한 시간과 비용을 감당해야 합니다. 유언장은 Probate(유언검인절차)에서 피상속인 본인 자산에 대해 누가 어떻게 상속받기를 원했는지 알려주는 증거자료로만 쓰이게 됩니다.

Probate(유언검인)를 거치지 않고 유산상속계획을 할 수 있는 방법 중 Living Trust(생전신탁)는 미국에서 가장 효율적으로 상속계획을 할 수 있는 장치입니다. Living Trust(생전신탁)를 만들어서 피상속인의 재산을 어떻게 분배할지 명시해 놓으면 상속법원을 통한 소모적인 절차 없이 피상속인이 원했던 사람들에게 유

*2023년 기준이며, 주마다 Probate가 시작되는 금액의 임계치(Threshold)가 다를 수 있고 해마다 그 금액도 변할 수 있습니다.

산의 분배를 빠르게 진행할 수 있는 것입니다.

Living Trust(생전신탁)에는 가족관계 및 피상속인의 재산목록 등이 정확하게 명시되어 있기 때문에, 한국에서의 안심상속 원스톱 서비스에 준하는 효율적인 상속 Tool로 활용할 수 있습니다. 또한 불의의 사고 혹은 건강악화로 인해 정상적인 생활을 하실 수 없을 때, 또는 미성년 자녀가 있다면 그 자녀가 성년이 될 때까지 관리해서 자녀에게 전달해 줄 수 있는 장치로도 Living Trust(생전신탁)는 큰 도움이 됩니다.

> **미성년 자녀가 있다면 그 자녀가 성년이 될 때까지 관리해서 자녀에게 전달해 줄 수 있는 장치로도 Living Trust(생전신탁)는 큰 도움이 됩니다.**

▶▶▶ 한국의 경우

한국에서는 미국과 달리 Probate절차가 없기 때문에 Probate 절차에 들어가는 시간과 비용을 아끼기 위해 신탁을 이용할 필요는 없습니다. 그리고 한국은 가족관계증명서 등 공적 장부가 워낙 잘 정비되어 있어서 상속인을 파악하기가 매우 용이합니다. 또한 주민센터(동사무소)의 원스톱 서비스를 통해 망인 명의로 되어 있는 부동산과 금융재산을 한 번에 파악할 수도 있습니다. 따라서 이런 목적을 위해서 신탁을 이용할 필요도 없습니다. 어떤 재산을 누구에게 얼마나 물려줄 것인지를 정해둘 목적이라면 유언장만으로도 충분합니다. 그리고 공증유언장이 있거나 법정 상속분대로 등기를 하는 것이라면 상속인 중 누구라도 등기소에 가서 상속등기를 할 수 있습니다. 망인의 사망증명서, 가족관계 증명서, 유언장만 소지하면 됩니다(다만 자필유언장의 경우에는 가정법원에 검인신청을 해야만 합니다). 또한 상속인들끼리 상속 재산분할협의가 이루어지면 그 협의한 대로 등기를 할 수도 있습니다. 이 때는 등기소에 상속재산분할협의서를 제출하면 됩니다.

한국에서는 총 5가지의 유언방식이 있습니다. 자필유언, 공증유언, 녹음유언, 비밀유언, 구수유언이 그것입니다. 이 중에서 가장 많이 활용되고 있는 것이 자필유언과 공증유언입니다. 자필유언은 종이와 볼펜만 있으면 할 수 있고, 증인도 필요 없고 공증도 필요 없어서 매우 간편하게 할 수 있는 유언입니다(민법 제1066조). 공증유언은 증인 2명을 대동하고 공증사무소에 가서 공증을 받는 유언입니다(제1068조). 증인도 필요하고 공증인도 필요하고 비용도 발생한다는 단점이 있지만, 나중에 분쟁이 생겼을 때 높은 증거로서의 가치를 가지며, 가정법원에 검인절차 없이 곧바로 상속집행이 가능하다는 장점이 있습니다.

그러나 신탁은 신탁대로의 효용가치가 있습니다. 융통성 있는 사후설계를 하는 데 있어서는 신탁을 따라올 제도가 없습니다. 유언의 경우에는 민법상 유언법정주의가 적용되기 때문에 법에 정해진 것(예컨대, 유증) 이외에는 유언에 담을 수 없고, 설사 유언에 담더라도 아무 효력이 없습니다. 예를 들어 자녀가 너무 어린 나이에 재산을 물려받으면 모두 탕진하거나 사기를 당할 것이 걱정되어 성년이 될 때까지는 상속재산을 처분하지 못하게 하고 싶더라도 이것은 유언으로는 할 수 없고 신탁으로만 가능합니다. 즉 한국에서는 피상속인이 원하는 방식으로 융통성 있게 사후설계를 할 목적으로 신탁을 이용합니다.

"
유언법정주의 :
법에 정해진 것 (예컨대, 유증) 이외에는 유언에 담을 수 없고, 설사 유언에 담더라도 아무 효력이 없습니다.
"

07 / 생명보험과 생명보험신탁

?

초등학생 딸이 하나 있습니다. 저희 부부가 혹시라도 일찍 사망할 경우를 대비하여, 아이를 위한 생명보험에 가입하려는데, 딸 아이를 수익자로 설정하는 것이 좋을까요? 이때, 생명보험 가입만으로 충분한 대비가 되는 건지, 아니면 추가적인 다른 보호장치가 있다면 어떠한 것이 있을까요?

▶▶▶ 미국의 경우

유대인들은 자녀가 태어나면 그 자녀의 미래를 위해 생명보험에 가입하는 것을 시작으로 하여, 유산상속계획을 세우기 시작한다고 잘 알려져 있습니다. 반면, 미국에 정착하신 많은 한국 분들은 부동산으로 재산을 보유하고 있으며, 생명보험에는 가입하지 않거나, 가입한 경우라도 장례비용에 충당할 정도의 보험금으로만 생명보험을 가지고 있는 경우가 많습니다. 생명보험이 가지는 여러 가지 혜택에 대해 모르기 때문일 것입니다.

생명보험의 여러 가지 장점 중 하나는 보험 가입자의 사망시 수익자가 받는 생명보험금에는 소득세가 없다는 점입니다. 또한 생명보험은 가장의 부재 등 만약 생길지도 모르는 불행한 사태를 대비하여 남겨진 가족들이 지금까지 누렸던 삶의 질을 계속 유지하고 어린 자녀가 계속 양질의 교육을 받을 수 있도록 도와주는 장치가 됩니다. 하지만, 생명보험금을 수령하는 수익자는 소득세는 내지 않아도 되나, 생명보험금이 상속인의 재산으로 처리되어 수익자가 상속인의 재산을 물려받은 것으로 보게 되므로 상속세 부과대상에는 해당된다는 점을 간과하지 말아야 합니다.

이처럼 생명보험만 있을 경우 남아있게 되는 상속세 문제를 해결하고 생명보험을 보다 잘 활용할 수 있는 방법이 있습니다. 바로 Irrevocable Life Insurance Trust(취소 불가능한 생명보험신탁)를 따로 만들어서 개인이 아닌, 신탁의 이름으로 생명보험을 소유하는 것입니다. 이때 상속인이 아닌, 생명보험신탁이 생명보험의 주인이 되어, 생명보험신탁은 상속세가 부과되지 않습니다. 그리고 생명보험 이외의 다른 재산을 상속받을 때 상속세 납부재원으로도 활용 가능하게 됩니다. 이로 인해 생명보험신탁은 상속을 플래닝하는 가장 보편적이고 잘 알려진 방법입니다.

자녀에게 직접 증여를 주는 대신 Irrevocable Life Insurance Trust(생명보험신탁)에게 간접 증여를 하고, 증여할 금액으로 생명보험을 구입하게 됩니다. 자녀는 부모 생전에 직접 재산을 증여받는 대신 부모 사후 신탁을 통해 생명보험금을 상속받게 됩니다. 부모의 손을 떠난 "증여"된 재산으로 생명보험을 구입했기에 부모 사후에도 부모의 재산으로 간주되지 않아서 Death Benefit(생명보험금)에 Estate Tax(유산상속세)가 붙지 않습니다. 생명보험신탁의 보험료를 매년 납입하는 경우, Annual Gift Tax Exclusion(연간 증여세 면제액)을 적절히 활용하면 좋습니다. Annual Gift Tax Exclusion(연간 증여세 면제액)은 Donor(증여자) 1인당 각 수증자에 대하여 18,000 달러(2024년 기준)입니다. 18,000 달러를 초과하지 않은 한에서는 증여세 보고를 하지 않으니 증여세 또한 낼 필요가 없고, Life Time Gift Exemption (평생 쓸 수 있는 증여세 면제 쿠폰)을 쓰지 않아도 됩니다. 자녀가 둘일 경우 부부 합산으로 줄 수 있는 Annual Gift Tax Exclusion (연간 증여세 면제액)을 쓴다면 72,000 달러 (=18,000 달러×2(부부)×2(두 자녀))까지 연간보험료를 증여세 걱정없이 납부할 수 있습니다.

> **Irrevocable Trust (취소불가능한 신탁)를 통해 자녀가 부모로부터 증여받은 재산은 상속세 과세대상이 아닙니다.**

부동산 등 다른 재산의 분배를 위해 Revocable Trust (취소가능한 신탁)를 만들어 놓고 생명보험도 취소가능한 신탁으로 넣은 후 생명보험신탁을 따로 만들어 놓았다고 오해하는 경우가 있습니다. 취소가능한 신탁에 생명보험을 넣어 놓으면 상속세 과세대상이 됩니다. 따라서 이런 경우에는 Irrevocable Trust (취소불가능한 신탁)를 활용하는 것이 바람직합니다. Irrevocable Trust (취소불가능한 신탁)는 본인이 재산의 주인으로서 누릴 수 있는 권리를 포기하는 것으로 "증여"를 한 것으로 취급됩니다. 따라서 Irrevocable Trust (취소불가능한 신탁)를 통해 자녀가 부모로부터 증여받은 재산은 상속세 과세대상이 아닙니다.

또한 Irrevocable Life Insurance Trust (생명보험신탁)의 목적은 유산상속세를 마련하기 위함에만 있진 않습니다. 자녀가 혹시 모를 이혼 또는 채무로 인한 소송에 휘말릴 것을 대비하여 적어도 생명보험금만큼은 이혼·채무로부터 보호하고자 생명보험신탁을 사용하는 고객들도 꾸준히 늘고 있는 추세입니다. 부모 사망 후 생명보험금을 생명보험신탁이 가지고 있으면서 자녀가 이익금만 배당받는다면, 생명보험신탁이 Principal(원금)을 가지고 있고 자녀는 Profit(이익금) 혹은 Interest(이자)만 소유하고 있다고 보기 때문입니다. 따라서 혹시 예기치 않은 이혼 혹은 채무로 인한 소송 발생시, 다른 이해관계자들로부터 본인의 생명보험금에 대한 권리를 보호할 수 있는 유용한 장치로도 쓰일 수 있는 것입니다. 이에 생명보험을 이미 가지고 있거나, 생명보험 가입을 계획하고 있다면, 꼭 전문 변호사와 상의하여, 생명보험신탁을 만들 것을 권고 드립니다.

▶▶▶ 한국의 경우

부모가 생명보험에 가입을 하면서 부모를 피보험자로 하고 자녀를 보험수익자로 하는 경우가 많습니다. 피보험자인 부모가 사망하면 생명보험금이 수익자인 자녀에게 지급되는 형식입니다. 이러한 생명보험금이 상속재산인지 아니면 자녀 고유의 개인재산인지에 대해 논의가 있습니다. 일단 민법상으로는 이 재산은 보험계약에 따라 수익자인 자녀에게 지급되는 것이어서 자녀의 개인재산으로 봅니다. 이처럼 생명보험금은 상속재산이 아니기 때문에 부모의 빚이 많아서 자녀가 상속을 포기하더라도 생명보험금은 받을 수 있습니다. 그러나 상속세와 관련해서는 생명보험금을 상속재산으로 간주합니다(소위 '간주상속재산'). 즉 원래는 상속재산이 아니지만 세법상으로는 상속재산으로 간주해서 상속세를 부과한다는 의미입니다.

한국에서도 상속세 재원마련 목적으로 생명보험에 가입하는 경우가 많습니다. 이때 부모가 보험계약자이고 자녀가 Beneficiary

> " 혹시 예기치 않은 이혼 혹은 채무로 인한 소송 발생시, 다른 이해관계자들로부터 본인의 생명보험금에 대한 권리를 보호할 수 있는 유용한 장치 "

> " 상속세와 관련해서는 생명보험금을 상속재산으로 간주합니다(소위 '간주상속재산'). "

(수익자)인 경우에는 자녀가 부모로부터 생명보험금을 상속받는다는 개념이 되기 때문에 상속세가 부과됩니다. 이 경우 보험료를 부모가 납부했기 때문입니다(보험료는 보험계약자가 납부하는 것이 원칙입니다). 그러나 자녀가 보험계약자로서 보험료를 납부한 경우에는 부모 사망시 생명보험금을 지급받더라도 이것은 세법상으로도 상속재산으로 보지 않기 때문에 상속세가 부과되지 않습니다. 자녀가 낸 돈을 자녀가 받는 개념이기 때문에 상속세가 나오지 않는다고 생각하시면 됩니다.

다만 미국과 달리 한국에서는 아직까지 생명보험신탁이 허용되지 않고 있습니다. 금융사들은 생명보험신탁 내지 보험금청구권신탁 상품을 출시하고자 하지만, 아직은 허용할 수 없다는 것이 법무부의 입장입니다. 물론 이미 지급받은 생명보험금을 신탁에 넣는 것은 가능합니다. 그러나 미국식으로 신탁이 생명보험 자체의 소유자가 되어 이를 관리하거나 처분할 수는 없습니다.

그런데 2024년 3월 **금융위원회에서 보험금청구권을 신탁재산으로 하는 신탁을 허용하는 내용**이 담긴 자본시장법 시행령 개정안과 금융투자업규정 개정안에 대한 **입법예고**를 하였습니다. 따라서 이제 한국에서도 보험금청구권신탁 상품이 출시될 수 있게 되었습니다. 개정안에 담긴 보험금청구권신탁 허용요건은 다음과 같습니다.

① 일반사망 보험에 한정하며, 재해·질병사망 등 발생 여부가 불확실한 특약사항에 대한 보험금청구권은 신탁계약 대상에

서 제외된다.

② 보험약관상 보험계약대출이 허용되지 않거나 신탁계약 체결
당시 보험계약 대출이 없어야 하며,

③ 「보험계약자=피보험자=위탁자」가 모두 동일인이면서

□ 수익자는 직계존비속과 배우자로 제한된다.

유류분소송이나 상속재산분할재판에서 어떤 상속인이 부모로부터 특별수익을 받았는지를 따질 때 생명보험금도 이에 해당하는지 문제가 될 수 있습니다. 현재 판례상으로는 생명보험금도 특별수익으로 보아서 구체적 상속분과 유류분을 계산하는 것이 실무례입니다.

한편 이혼이나 채무로부터 재산을 지킬 목적으로 신탁을 하는 것이 한국에서도 가능한지 문제됩니다. 일단 재산을 신탁에 넣어두면 그 재산은 독립성을 가집니다. 즉 신탁재산은 위탁자의 재산으로부터도 독립되고 수탁자의 재산으로부터도 독립됩니다. 이로 인해 위탁자가 파산해도 위탁자의 파산재단에 귀속되지 않고, 수탁자가 파산해도 수탁자의 파산재단에 귀속되지 않습니다. 또한 신탁재산에 대해서는 위탁자의 채권자가 강제집행할 수 없고, 수탁자의 채권자도 강제집행할 수 없습니다. 이러한 신탁재산의 독립성 효과를 이용해서 채권자로부터 재산을 지킬 목적으로, 또는 이혼시 상대방 배우자로부터 재산을 지킬 목적으로 신탁을 하는 것을 생각해 볼 수도 있습니다. 그러나 경우에 따라서는 이러한 신탁이 사해신탁에 해당하여 그 신탁계약이 취소가 될 위험이 있습니다. 사해신탁이란 채무자가 채권자를 해함을 알면서 자신의

> "
> 사해신탁이란
> 채무자가 채권자를
> 해함을 알면서 자신의
> 일반재산을 감소시킬
> 목적으로 신탁을
> 설정하는 행위
> "

일반재산을 감소시킬 목적으로 신탁을 설정하는 행위를 말합니다(신탁법 제8조). 사해신탁이 인정될 경우 위탁자의 채권자는 그 신탁행위를 취소할 수 있습니다. 다만 수익자가 수익권을 취득할 당시에 위탁자의 사해의사(채권자를 해함을 알면서 일반재산을 감소시킬 목적으로 신탁을 설정하려는 의사)를 알지 못한 경우에는 그 신탁을 취소할 수 없습니다. 한 가지 유의해야 할 점은, 채무를 면탈하기 위해 신탁을 하더라도 만약 위탁자가 스스로 수익자가 되는 자익신탁을 설정한 경우에는 위탁자가 가지는 수익권 자체가 강제집행이나 재산분할의 대상이 될 수 있다는 것입니다.

08 배우자의 재혼을 염려하는 부부의 상속계획

❓

제가 먼저 사망할 경우, 남편이 재혼을 하는 것은 괜찮습니다만, 남편의 재혼으로 인해 저와 남편이 함께 일궈놓은 재산이 두 딸들에게 상속되지 못할까봐 걱정됩니다.

▶▶▶ 캘리포니아주의 경우

배우자 중 한명이 먼저 사망한 후 남은 배우자가 재혼하는 것이 염려되는 경우에 많이 쓰이는 방법 중 하나는 배우자의 사망 시, 사망한 배우자의 재산(즉 사망한 배우자의 개인재산과 사망한 배우자 몫의 공동재산)의 전부 또는 일부를 수익자(통상적으로 자녀)가 상속받게 하는 것입니다. 예를 들어, 부부가 소유한 부동산의 일정 %를 어느 한 배우자가 사망 시에 바로 자녀가 상속케 하거나, 금융계좌의 일부를 상속케 하는 방법이 있습니다. 이때 부부가 공동으로 Living Trust(생전신탁)를 만들 경우, 사망한 배우자의 몫을 지정된 수익자에게 전달하는 이는 대부분 생존한 배우자가 됩니다. 사망한 배우자의 몫이 지정된 수익자에게 자동적으로 전달되는 것이 아닙니다. 즉 생전신탁의 Trustee(수탁자)로 지정된 배우자가 행정적인 처리를 해서 사망한 배우자의 몫을 따로 떼어서 수익자에게 전달해야 상속이 이뤄집니다.

이렇게 생존 배우자를 통해 전달하는 방법이 마땅치 않다면, 각각 본인들 몫의 재산에 대한 별도의 Single Living Trust(생전신탁)을 만드는 것도 좋은 방법입니다. 즉 부부가 각각의 Trust(신탁)를 만드는 것입니다. 주로 공동재산제도를 택하지 않는 주에서 부부들이 만드는 트러스트의 방법입니다. 이때 각 트러스트의 수익자를 본인의 배우자로 선택하는 경우도 많으나, 배우자의 재혼을 염려하는 이들은 주로 자녀를 본인 트러스트의 수익자로 설정합니다. 이 방법은 먼저 사망한 배우자의 사망시에 곧바로 상속이 된다는 장점은 있으나, 남아있는 배우자는 절반의 재산에 대한 권리 또한 즉시 잃게 되는 단점이 있습니다. 즉 100을 둘이서 쓰다가 한 배우자의 사망시 갑자기 사용할 수 있는 몫이 50으로 줄어들게 되는 것입니다. 배우자가 사망한 것도 슬픈데 갑자기 수입마저 절반으로 줄게 되니 남아있는 배우자로서는 안타까운 일이 될 수 있습니다. 만약 남아있는 배우자가 계속 수입을 다 가져가기를 원한다면, 부부가 트러스트를 공동으로 만들되 A·B

트러스트(p.49 참조)의 형태로 만드는 방법을 권합니다.

각 가정마다 상황이 다르고 원하는 바가 다를 수 있어서 재혼에 대한 염려를 줄이기 위한 상속플래닝을 하실 땐 전문가의 상담을 받으시기를 권해드립니다.

▶▶▶ 한국의 경우

아내가 먼저 사망할 경우 아내의 단독 명의로 되어 있는 특유재산*을 자녀에게 상속받게 하는 것은 유언이나 신탁을 통해 가능합니다. 그러나 부부 공동재산인 경우에는 그 재산이 아내의 명의로 되어 있는 경우에만 사후 처분이 가능합니다. 만약 부동산이 남편과 공유로 되어 있다면 아내가 소유하고 있던 공유지분에 대해서만 사후 처분을 할 수 있습니다. 만약 남편 명의로 되어 있지만 부부 공동재산인 경우에 그 중 일정 %를 자녀에게 상속하고 싶다면, 생전에 그 공동재산 중 아내의 지분을 등기부상 명시(공유등기)한 다음에 그 지분에 대해 유언이나 신탁을 하면 됩니다. 즉 한국에서는 재산이 누구의 명의로 되어 있는지가 매우 중요합니다.

남편의 도움 없이 자녀에게 재산이 원활하게 상속되길 원한다면 신탁의 수탁자 또는 유언의 집행자를 남편이 아닌 믿을 만한 다른 사람으로 정해두는 것이 좋습니다. 신탁의 수탁자가 금융기관일 경우에는 아무런 문제없이 신탁계약에 따라 집행이 이루어지게 될 것입니다. 유언의 경우에는 **제한능력자****(미성년자 또는 **피성년후견인*****)와 파산선고를 받은 사람만 아니면 누구든지 유

* 미국법상 "Separate Property (개인재산)"와 유사한 성질의 재산이라고 생각하시면 됩니다.

** 나이나 장애 등으로 인해 법률행위를 할 수 있는 능력이 제한된 사람을 의미합니다.

*** 질병, 장애, 노령 등으로 인한 정신적 제약으로 사무를 처리할 능력이 부족하여 후견인의 도움을 받는 사람을 의미합니다.

언집행자가 될 수 있기 때문에 수익자(유증을 받게 되는 자녀)를 유언집행자로 할 수도 있습니다.

아내 사망 후에 아내의 재산을 곧바로 딸들에게 상속시키지 않고 일정 시점까지는 남편이 계속 수익을 얻을 수 있도록 하기를 원하는 경우에는 유언대용신탁*을 이용하면 됩니다. 아내의 재산을 신탁에 맡기면서 신탁원본에 대한 수익자를 딸들로 하고, 다만 남편을 신탁수익에 대한 수익자로 지정하여 신탁재산으로부터 나오는 수익은 일정 시점까지 계속 남편이 받을 수 있도록 하는 것입니다. 이렇게 신탁을 해두면 설사 남편이 재혼을 하더라도 전처의 재산으로부터 수익은 얻을 수 있지만 그 재산은 궁극적으로 딸들에게 이전될 수 있게 됩니다.

* 미국에서 말하는 Living Trust (생전신탁)와 유사한 개념으로 이해하면 됩니다.

09 상속 집행

?

남편이 6개월 전에 갑자기 사망했습니다. 너무 황망하여 아무것도 못하고 지내다가 이제 정신을 차리고 보니 상속집행이라는 걸 해야 한다는 걸 알았습니다. 무엇부터 어떻게 시작해야 할까요?

▶▶▶ 캘리포니아주의 경우

Living Trust(생전신탁) 유무에 따라 먼저 해야 할 일이 달라집니다. Living Trust(생전신탁) 없이 사망했다면, 남편이 결혼 전에 축적한 재산 혹은 결혼 전후로 상속받았거나 증여받은 재산, 즉 남편의 Separate Property(개인재산)에 대해서는 Probate(상속검인)절차를 거쳐야 합니다. 예컨대, 시부모님이 남편에게 부동산을 증여했다면 아들의 Separate Property(개인재산)로 간주되어, Separate Property(개인재산)의 상속순위에 맞춰서 남아있는 가족이 상속받게 됩니다. 두 분 사이에 자녀가 없고, 시부모가 있다면, 아내와 시부모가 각각 1/2씩 받게 됩니다. 두 분 사이에 자녀 한 명이 있다면, 시부모가 받을 몫은 없고 아내와 해당 자녀가 1/2씩 상속받게 됩니다. 자녀가 둘 이상이라면 아내가 1/3을, 그리고 나머지 자녀가 2/3를 동등하게 나누어 가지게 됩니다.

반면에 아내는 Community Property(부부 공동재산)에 대해서는 100%를 상속받을 수 있습니다. 부동산이 부부 공동재산이지만, 남편 명의로만 등기를 한 경우라면 앞에서 설명드렸던 'Spousal Property Petition(배우자 청원)'을 해야 합니다. Spousal Property Petition(배우자 청원)은 변호사 비용 및 법원 비용과 소요시간이 상대적으로 작습니다. 따라서 사망한 배우자가 남긴 Separate Property(개인재산)가 없고, Community Property(부부 공동재산)만 남겼다면 생존 배우자는 Spousal Property Petition(배우자 청원)을 하는 것이 훨씬 더 효율적입니다.

Spousal Property Petition(배우자 청원)은 생존 배우자가 상속법상 1순위 상속인임을 증명해야 합니다. 언제 피상속인과 결혼했고, 언제 피상속인과 캘리포니아주로 이주해왔으며, 피상속인 단독 명의의 부동산은 언제 구입했고, 왜 피상속인의 이름으로만 부동산 명의가 되어있었는지를 정확히 밝혀야 합니다. 예를 들어 부부가 결혼 후 공동자금으로 해당 부동산을 구매했는데, 이런저런 사정상 남편 단독 명의로 부동산을 소유하고 있다가 남편이 사망한 경우, 명의만 편의상 남편 이름으로 된 경우이기에 배우자 청원은 문제없이 진행될 수 있습니다. 하지만 Separate Property (개인재산)와 Community Property (공동재산)가 구별되지 않고 섞여 있는 경우, 법원의 재량에 따라서 배우자 청원이 기각되어서 결국 상속법원의 Probate (검인절차)를 거쳐야 할 수도 있습니다.

반면, Living Trust (생전신탁)를 부부가 만들었다면 트러스트에 명시된 대로 상속집행을 개시해야 합니다. Living Trust (생전신탁)의 종류에 따라 혹은 재산의 크기에 따라 생존 배우자가 해야 할 일도 달라집니다. A 트러스트를 만들었을 경우에 상속집행은 사망한 배우자의 이름을 부동산 및 유동자산(예금 등)의 명의에서 빼는 것입니다. 부동산이라면 "Affidavit of Death of Co-Trustee (공동수탁자의 사망을 알리는 진술서)"를 해당 부동산에 등록해야 합니다.

또 하나 중요한 절차는 **부동산이나 비즈니스에 대한 Appraisal (가치 (시가) 감정)을 받아야 합니다.** 상속받는 부동산의 세금 기준은 남편의 사망 시에 Appraised Value (감정가)로 Step-up in Basis (상향조정) 됩니다. 그래서 자격증 있는 감정사로부터 감정을 받아놓는 것이 중요합니다. 감정가는 나중에 생존 배우자가 부동산을 판매할 때 양도소득세를 산출하는 기준이 됩니다. A·B 트러스트를 만들었다면 남편의 사망 시에 부부 공동재산을 절반으로 나누어 각각 A 트러스트, B 트러스트에 분리해서 넣는 작업이 필요하기 때문에 부동산 Appraised Value(감정가)가 필요합니다. 또한 유산상속세 보고를 하는 데 있어서도 꼭 필요한 요소입니다.

유동자산의 경우, 부부 공동명의 예금계좌라면 사망한 배우자의 이름을 제외하는 등록을 한 후에 Beneficiary(수익자) 설정을 하거나 생전신탁으로 계좌의 이름을 바꿔야 합니다.

이와 같이 상속 집행과 관련해서는 고려할 요인이 많습니다. 상속전문 변호사와 상담을 통해 본인에게 가장 적합한 절차를 진행하는 것이 중요한 이유입니다.

▶▶▶ 한국의 경우

남편이 유언장이나 신탁을 남기고 사망했는지 여부에 따라 상속집행의 방식이 달라집니다. 남편이 유언장, 특히 공증유언장을 만들었다면 유언장에 기재된 유언집행자가 그 유언장만 가지고 상속집행을 할 수 있습니다. 부동산의 경우 등기소에 가서 바로 유언에 따라 등기할 수 있고, 주식의 경우 주주명부도 변경할 수 있습니다. 다만 예금이나 펀드와 같은 금융재산의 경우 금융기관에 따라서는 상속인 전원의 동의를 요구하는 경우도 있음을 유념하셔야 합니다. 원래는 공증유언장만 있으면 금융기관에서도 그 유언장에 따라 집행이 가능해야 하는 것이 원칙이지만, 금융기관으로서는 나중에 상속인들 간에 유언에 관한 분쟁이 생길 때(망인의 의사능력에 문제가 있거나 복수의 유언장이 발견되는 등)를 대비하여 상속인 전원의 동의를 요구하는 경우가 있는 것입니다. 이런 경우에는 어쩔 수 없이 동의를 거절하는 상속인을 상대로 유언효력확인소송을 제기하거나, 인출을 거부하는 금융기관을 상대로 지급청구소송을 제기하는 수밖에 없습니다(그러나 공증 유언장만 있어도 인출에 협조하는 금융기관도 많이 있다는 점을 알려드립니다).

만약 남편이 자필유언장을 만들었다면, 그 유언장을 발견한 사람이 즉시 가정법원에 유언검인신청을 해야 합니다. 그러면 가정법원이 유언검인기일을 지정하여 이해관계인, 즉 상속인들을 소집합니다. 그리고 유언에 따라 집행하는 것에 이의가 있는지 묻습니다. 이의를 제기하는 상속인이 있으면 이의를 했다는 사실을 검인조서에 기재합니다. 이렇게 되면 자필유언장을 가지고 집행을 하는 것이 어려워집니다. 등기소나 금융기관에서는 자필유언장과 검인조서를 요구하는데, 검인조서에 그러한 이의진술이 기재되어 있으면 집행을 거절하기 때문입니다. 이럴 경우에는 유증효력확인소송을 제기하거나 수증자지위확인소송을 제기하여 승소판결을 받으면 그 판결문을 가지고 상속집행을 마무리할 수 있습니다.

남편이 유언대용신탁을 만들어 두었다면 매우 편하고 쉽게 상속집행을 처리할 수 있습니다. 신탁계약서상의 수탁자가 신탁재산에 대한 상속집행을 알아서 처리해 주고, 그 과정에서 등기소나 금융기관으로서는 신탁계약서가 존재하기 때문에 신탁계약에 따른 집행을 거절할 이유가 없습니다. 이러한 편리함 때문에 한국에서 유언대용신탁을 활용하는 경우들이 점차 늘어나고 있기도 합니다.

마지막으로 남편이 유언이나 신탁을 만들지 않고 사망한 경우에는 상속인들이 상속재산분할협의를 해서 그에 따라 상속집행을 하면 됩니다. 그런데 만약 분할협의가 잘 되지 않을 경우에는 가정법원에 상속재산분할심판청구를 해야 합니다. 가정법원이 분할심판을 해주면 그 결정문을 가지고 상속인 중 한 사람이 단독으로 상속집행을 할 수 있습니다.

10 / 장애인 신탁

?

저희 부부에게 두 아들이 있는데, 큰 아이는 자폐증이 있는 장애인입니다. 저희가 살아있는 동안에는 큰 아들을 저희가 보살펴 주겠지만, 저희 부부가 모두 사망한 후에는 큰 아들이 어떻게 살게 될지 걱정이 많습니다. 장애자녀를 위한 트러스트가 있다고 해서 만들어보고 싶은데, 어떻게 하면 될지요?

▶▶▶ 캘리포니아주의 경우

"Special Needs Trust(특별수요신탁)"는 말 그대로 Special Needs(특별수요)가 있는 이들을 위한 Living Trust(생전신탁)입

니다. 여기서 Special Needs(특별수요)라 함은 발달장애, 신체장애, 정신질환 등 다양한 이유로 인해 살아가는데 외부의 도움이 필요한 경우를 일컫습니다.

Living Trust(생전신탁) 안에 Special Needs Trust 조항을 만들어서 재산의 일부를 장애자녀를 위해 쓰도록 하는 방법이 있고, Living Trust(생전신탁)와 별도로 독립적인 Special Needs Trust를 만드는 방법도 있습니다. 후자의 경우는 장애자녀를 위한 별도 계좌를 만들 수 있어서 운영을 하기가 용이할 뿐 아니라, 좀더 오랜 기간 동안 Special Needs Trust를 관리하에 둘 수 있다는 장점이 있습니다.

사실 "Special Needs Trust(특별수요신탁)"를 만드는 가장 큰 이유는 자녀들이 국가에서 받을 수 있는 Social Security Income, Medi-Cal*(사회보장혜택)을 그대로 유지하면서 부족한 부분은 "Special Needs Trust"를 통해 부모가 장애자녀에게 상속한 금액으로 삶을 영위할 수 있게 한다는 점입니다. Special Needs Trust의 Trustee(수탁자)는 일반적으로 장애자녀의 부모가 되고, Successor Trustee(승계수탁자)는 부모의 사망 후 수탁자가 되어 트러스트에 지시된 대로 장애자녀를 도와주는 역할을 하게 됩니다.

*저소득층 캘리포니아 주민을 위한 캘리포니아 정부의 건강보험 프로그램으로 캘리포니아 주에는 Medicaid를 Medi-Cal로 명칭함.

이때 가장 큰 이슈는 부모 사후 혹은 부모 모두 건강 상태가 악화되었을 때, 부모를 대신해 자녀의 상속재산을 관리하고 장애자녀를 돌봐 줄 수 있는 Successor Trustee(승계수탁자)의 선정 문제입니다. Successor Trustee(승계수탁자)는 여러 명을 지정할 수 있으며, 적어도 자녀와 비슷한 연령의 누군가를 첫번째 혹은 두번째로 올려놓는 것이 좋습니다. 부모님의 형제자매나 친정 부모님·시부모님을 승계수탁자로 지정하려는 경우가 있는데, 이들의 수명이 장애자녀의 수명과 맞지 않을 가능성이 높기 때문입니다.

사실 더 중요하고도 어려운 점은 재산을 맡겨도 될 만큼 믿을 수 있는 사람을 찾는 것입니다. 예를 들어 부모의 친척을 승계수탁자로 정한 경우, 그 친척이 상속재산을 본인의 개인 용도로 쓰는 것을 막기도 힘들며 손해배상청구를 하기도 힘든 경우가 많습니다. 개인 용도로 쓰는 것을 확인하는 절차도 힘들고, 자녀가 직접 손해배상청구를 하기 어렵기에 대리인 설정까지 행정적인 요소가 더 많이 추가되기 때문입니다.

비장애자녀를 Successor Trustee(승계수탁자)로 지정할 수도 있는데, 그 자녀에게 부모 사후에 장애형제·자매를 돌보아줄 수 있는지 물어보고 그들의 동의를 받으시기를 권고합니다. 장애형제·자매를 위한 Special Needs Trust(특별수요신탁)에서 비장애자녀가 Successor Trustee(승계수탁자) 역할을 맡기를 거부하는 경우가 종종 있습니다. 특히 결혼한 비장애자녀의 경우, 본인들의 삶이 있고 돌보아야 할 배우자와 자녀가 있다면 아무리 장애형제·자매를 사랑한다고 해도 Successor Trustee(승계수탁자)로서의 역할을 하기가 쉽지 않습니다. 부모 사후 승계수탁자를 할 수 있는 가족이 마땅히 없는 경우라면, Professional Fiduciary(전문수탁자)를 고용하시기를 권해드리기도 합니다. Professional

Fiduciary (전문수탁자)는 주로 장애인, 노인 혹은 미성년자의 행정처리를 대신하는 이들을 일컫는데, 캘리포니아주에서 요구하는 자격증을 취득해야 합니다. 상속재산의 몇 퍼센트(%)를 매년 비용으로 받거나 시간당 비용으로 청구하기도 합니다.

Successor Trustee (승계수탁자)는 Special Needs Trust (특별수요신탁)에 있는 재산을 허락된 목적으로만 사용 가능합니다. 아래는 국가에서 재산 사용이 허락되지 않는 영역으로 정해 둔 것들입니다.

- 음식이나 식료품
- 레스토랑 식사비용과 의류 (가끔 선물로 하는 경우에만 가능)
- 렌트비나 모기지 융자 비용
- 부동산 세금
- 관리비나 집 보험
- 현금 직접 지불

위 리스트를 보시면 '의식주'에 관련된 것들이 대부분이므로, 제한이 상당히 많습니다. 이러한 의식주에 필요한 비용은 통상 사회보장시스템으로 지원을 해주기 때문에 굳이 Special Needs Trust의 재산을 사용할 필요가 없다고 여기기 때문입니다. 따라서 Special Needs Trust에 있는 재산은 가구나 전자제품 구입비, 특수치료비, 여행비 등의 용도 등 의식주에 직접적으로 연관이 없는 용도로 사용하는 것만 허용합니다.

그렇다면 왜 Special Needs Trust(특별수요신탁)를 만드는 거냐고 반문하시는 분들이 있을 것입니다. Special Needs Trust(특별수요신탁)를 만들어 놓았다면, 비장애자녀(장애자녀의 형제·자매)가 장애자녀를 돌보는 데 있어서 필요한 돈을 이 계좌에서 인출해서 쓸 수 있지만, 트러스트가 없다면 비장애자녀가 본인의 개인 돈으로 써야 하므로 부담이 클 것입니다. 그리고 앞에서 말씀드렸듯이, 국가에서 받을 수 있는 Social Security Income, Medi-Cal(사회보장혜택)을 지속적으로 받을 수 있다는 점이 가장 큰 이유입니다.

장애자녀를 둔 고객들 중 상당수가 부동산을 Special Needs Trust(특별수요신탁)에 넣어달라 요구합니다. 부동산을 남겨서 장애자녀가 부모 사후에도 해당 부동산에서 평생 거주할 수 있게 하고 싶은 마음 때문입니다. 하지만 Successor Trustee(승계수탁자)는 해당 부동산 관리에 대한 책임도 고스란히 떠맡게 됩니다. 특히 장애자녀가 혼자 거주할 수 없을 경우 장애자녀의 일상생활을 도와줄 사람을 지속적으로 고용·관리해야 하는데, 이 또한 만만치 않은 부담입니다. 따라서 되도록이면 Special Needs Trust(특별수요신탁)에는 생명보험이나 금융계좌 등 유동자산을 남기는 것이 좋습니다.

▶ ▶ ▶ 한국의 경우

한국에도 장애인을 위한 신탁제도가 존재하기는 합니다. 장애인이 타인으로부터 증여받은 금전, 유가증권, 부동산을 신탁업자(신탁회사)에게 신탁하고 신탁에서 발생하는 이익을 수익자인 장애인 본인이 전부 지급받은 경우, 증여받은 재산가액에서 최대 5억원을 한도로 증여세 과세가액에 산입하지 않는 신탁을 '장애인신탁'이라 합니다. 이것은 장애인이 Trustor(위탁자)가 되어 자신을 위해 신탁을 하는 것이라는 점에서 소위 'Self-Settled Trust(자익신탁)'의 구조라고 할 수 있습니다. 다만 2020년부터는 타인이 신탁회사에 신탁하여 Beneficiary(수익자)를 장애인으로 하는 신탁(타익신탁)도 장애인신탁에 포함시켜서 동일한 혜택을 부여하고 있습니다. 타익신탁형 장애인신탁인 경우에 장애인이 사망하기 전에 위탁자가 사망하게 되면 그 위탁자의 지위가 장애인에게 이전되어야 합니다.

장애인신탁은 장애인이 사망할 때까지 신탁계약이 존속되어야 합니다. 수익자인 장애인이 사망할 경우 신탁재산은 누구에게 귀속될까요? 신탁행위로 잔여재산의 귀속권리자를 지정해 놓은 경우에는 그 귀속권리자에게 돌아가며, 만약 귀속권리자를 지정하지 않았거나 귀속권리자가 수익권을 포기하는 경우에는 위탁자와 그 상속인에게 돌아가게 됩니다(위탁자와 상속인도 없는 경우에는 국가에 귀속됩니다).

예전에는 장애인신탁은 신탁재산에서 발생하는 이익만을 장애인이 쓸 수 있었고, 원본 인출을 엄격히 제한해 왔습니다. 그러나 현재는 세법상 '중증장애인'에 한하여 장애인 본인의 의료비, 간병비, 특수목적교육비, 월 생활비 150만원 이하 금액의 원본 인출을 허용하고 있습니다(경증장애인은 여전히 원본 인출 불가).

그런데 한국의 장애인신탁은 미국의 특별수요신탁에 비해 커다란 약점이 있습니다. 즉 장애인신탁을 할 경우에는 ① 국민기초생활보장수급자에서 제외되어 국가 등으로부터 지급받는 보조금이 없어지거나 줄어들 수 있고, ② 중증장애인이 받게 되는 장애인연금이 없어지거나 줄어들 수 있으며, ③ 국민건강보험료 피부양자에서 제외되어 지역가입자로 전환되거나 건강보험료 등을 추가로 납부할 수도 있습니다. ④ 그리고 장애인신탁에 가입하면 위에서 본 바와 같이 증여세 혜택은 받을 수 있지만, 취득세, 재산세, 소득세는 부담해야 합니다.

11 / 미성년 후견

지인 부부가 5살 딸을 두고 세상을 떠났습니다. 그 아이를 누가 돌보게 될 것인지가 집안에 이슈가 되는 것을 보니 남의 일만은 아니다는 생각이 들더라구요. 더구나 저희 부부는 비즈니스 때문에 출장이 잦아 비행기를 타는 일도 많고 해서 혹시 모를 일에 대비해서 남편과 함께 저희 아이의 Guardianship(미성년 후견인)을 미리 정하고 싶은데 어떻게 하면 좋을까요?

▶▶▶ 캘리포니아주의 경우

남편과 아내가 유언장을 작성하면서, 부부 두 사람의 사망 시에 자녀의 보호자로 제일 친한 친구들을 지정하는 일은 미국에서는 흔한 일입니다. 혈연 중심의 한국사회에서는 어쩌면 보기 힘든 일이겠지만, 아이에게 좋은 환경을 제공해 줄 수 있는 사람이 가장 최적의 보호자가 될 수 있기도 합니다. 노쇠한 부모님보다는 어쩌면 아이의 부모 나이와 비슷한 부모의 친구가, 아이의 보호자로서 더 적합할 수도 있기 때문입니다.

보통 Living Trust(생전신탁)를 만들 때 유언장과 위임장 등과 함께 미성년 후견인도 함께 설정하게 됩니다. 부부 중 한 명이 사망시엔 부 또는 모가 첫번째 Guardian(미성년 후견인)이 되며, 부모 모두 사망 시에 대비해서 다른 제 3자를 지정해야 합니다. 제 3자로 여럿을 정할 수도 있습니다. 아이의 조부모를 공동 Guardian으로 지정하고 친구를 그 다음 순으로 지정할 수도 있습니다. Guardian은 아이를 위한 의료 결정 대리인으로도 지정되어 "건강 관리" 및 "의료 관련 결정"은 수술, 입원, 치료, 그리고 약물 투여 등에 대한 동의를 하게 됩니다. 또한, Guardian에게 아이의 재정과 관련된 결정 권한을 위임할 수도 있습니다. 아이가 학교, 클럽 또는 기타 단체에 등록하거나 학교에서 견학이나 여행을 가는 등 부모의 동의가 필요할 때, 부모 대신 부모의 역할을 하게 됩니다.

이렇게 미리 Guardian 지정 서류를 작성해 놓아야 부모 모두 사망시 Guardian 지정 서류를 가지고, 법정에 Guardian 신청을 해야만 Guardian 지정이 됩니다. 따라서, **부모가 아무런 Guardian 설**

정을 하지 않고 사망시, 판사의 재량에 따라 원치 않은 사람으로 결정될 수 있으므로 부모가 미리 지정된 이들에게 알리는 절차가 중요합니다.

캘리포니아에서 법적 성인은 18세입니다. 일반적으로 미성년이 18세가 되면 미성년 후견이 종료가 됩니다.

▶▶▶ 한국의 경우

한국에서는 친권자인 부모가 미성년 자녀의 법정대리인이 되고, 만약 부모 중 한 사람이 사망한 경우에는 생존한 부 또는 모가 단독 친권자로서 자녀의 법정대리인이 됩니다. 법정대리인은 미성년자의 법률행위에 대한 동의권을 행사합니다. 그런데 위 케이스와 같이 부모 모두 사망할 경우를 대비해서 미리 Guardian을 지정해 둘 수 있을까요? 한국에서는 이러한 Guardian을 미성년 후견인이라고 부릅니다.

친권자는 유언으로 미성년 자녀에 대한 후견인을 미리 정해둘 수 있습니다. 그런데 만약 친권자가 유언으로 후견인을 지정하지 않은 경우에는 가정법원이 미성년 후견인을 선임하게 됩니다. **미국과 달리 미성년 후견인은 여러 명이 될 수 없고 1인만 가능합니다.** 미성년 후견인은 친권자와 마찬가지로 미성년자를 보호하고 거소를 지정할 권한을 가집니다. 그리고 미성년자의 재산을 관리하고 그 재산에 관한 법률행위에 대하여 미성년자를 대리하고, 미성년자의 법률행위에 대한 동의권을 가집니다. 미성년자가 성인이 되면 미성년 후견은 종료하게 됩니다.

한편 미성년 후견인을 감독할 후견감독인을 둘 수도 있습니다. 미성년 후견인과 마찬가지로 후견감독인도 유언으로 지정할 수 있고, 유언이 없으면 가정법원이 선임할 수 있습니다. 이러한 후견감독인은 반드시 둬야 하는 필수기관은 아니며 일반적으로는 미성년 후견인만 두는 경우가 많습니다.

미성년 후견은 미성년자가 성년이 되면 종료합니다. 한국에서 성년이 되는 나이는 만 19세입니다.

한국과 미국의 상속·증여, 차이를 알면 답이 보인다

CHAPTER III

상속분쟁

01 / 상속회복청구

아버지가 사망하자 장남이 어머니와 여동생에게 상속세 신고를 해야 하니 필요하다고 말하며 어머니와 여동생의 인감도장과 인감증명서를 받아 갔습니다. 그런데 장남은 이것을 이용하여 모든 상속재산을 자신이 가지는 내용으로 상속재산분할협의서를 만들어 아버지 소유의 상가건물의 소유권등기를 이전해갔습니다. 이런 경우 어머니와 여동생은 어떻게 해야 할까요?

▶ ▶ ▶ 한국법

상속부동산을 등기하기 위해서는 상속인 전원이 합의한 상속재산분할협의서가 첨부되어야 합니다. 이 협의서에는 상속인 전원의 인감날인과 인감증명서가 첨부되어야 하구요. 그런데 이러한 상속등기가 다른 상속인들의 의사와 무관하게 이루어진 것이라면, 자신들의 상속분에 따른 지분을 이전하라는 소유권이전등기청구를 할 수 있습니다. 어머니의 법정상속분은 3/7이고, 여동생의 법정상속분은 2/7이므로 장남이 이전등기한 상속부동산에 대해서 각각 이 지분만큼 이전등기를 요구할 수 있습니다. 이러한 권리의 법적 성질은 상속회복청구권입니다. 상속회복청구권은 자신의 정당한 상속권을 침해당한 진정한 상속인이 자신의 상속권을 침해한 소위 '참칭상속인(가짜상속인을 의미합니다)'을 상대로 상속권의 회복을 청구할 수 있는 권리입니다(민법 제999

> **참칭상속인 :**
> 법률상 상속을 받을 자격이 없음에도 불구하고 진정한 상속인인 것처럼 상속을 받은 사람(가짜 상속인)

조). 장남도 물론 상속인이기는 하지만 자신이 받을 정당한 상속분을 넘어서 취득한 부분에 대해서는 참칭상속인이라 할 수 있습니다.

이 상속회복청구권은 그 침해를 안 날부터 3년, 상속권의 침해행위가 있은 날부터 10년을 경과하면 소멸하기 때문에 어머니와 여동생은 부동산등기부를 확인함으로써 자신들의 상속권 침해를 안 날부터 3년 내에 소송을 제기해야 합니다. 이 기간은 제소기간이기 때문에 반드시 소송을 제기해야 하며, 내용증명을 보낸다고 시효가 중단되는 것이 아님을 유념해야 합니다(대법원 1993. 2. 26. 선고 92다3083 판결).

한편 장남이 상속재산분할협의서를 위조했다는 점이 사실로 증명될 경우 이는 형법상 사문서위조죄 및 동행사죄에 해당되어 5년 이하의 징역 또는 1천만원 이하의 벌금형에 처해질 수도 있습니다(형법 제231조, 제234조). 물론 가족 간에 형사고소를 해서 처벌을 받게 하는 것은 상당히 부담스러운 일이라 꺼려질 수 있습니다. 그리고 형사범죄에 해당하는지 여부는 민사소송과 달리 매우 엄격한 증거법칙에 따라 판단하기 때문에 확실한 증거가 없으면 증거불충분으로 무혐의처분 내지 무죄판결을 받을 가능성도 적지 않습니다. 이처럼 형사고소가 무혐의 내지 무죄로 결론 나게 될 경우 민사소송에도 좋지 않은 영향을 미치기 때문에 형사고소는 신중하게 결정해야 할 문제입니다. 이런 점에서 단순히 증거확보차원에서 형사고소부터 하고 보는 소송전략은 별로 권해드리고 싶지 않습니다.

01-2 / 상속회복청구[*]

*앞의 사례를 미국의 실정에 맞게 각색하였습니다.

아버지가 사망하자 장남이 아버지의 유언장을 내밀며, 아버지가 모든 재산을 자신에게 상속해 주기로 했다고 주장합니다. 그런데 해당 유언장에 기재된 아버지의 서명이 평소 아버지의 서명과 달라 보이는데, 이런 경우 어머니와 여동생은 어떻게 해야 할까요?

▶▶▶ 캘리포니아주법

미국은 이민자의 나라입니다. 그러니 연방정부 혹은 주정부로부터 가족관계증명서, 호적등본, 제적등본 등 상속법상 상속인을 가려낼 수 있는 가족관계 서류가 없습니다. (출생증명서, 사망증명서, 결혼증명서는 있으나, 한번에 종합적인 가족관계를 보여주는 서류는 따로 없습니다.) 캘리포니아주 역시 상속인들이 누구인지를 파악할 수 있는 문서는 없습니다. 따라서 가족들끼리 상속재산의 처리에 동의한다는 상속분할협의서를 만들더라도, 부동산이 해당 상속인에게 "상속등기"가 되지 않습니다. 물론 상속소송이 있거나 아니면 법원검인절차를 거칠 때 상속분할협의서를 당사자들의 합의하에 만들 수는 있습니다. 이는 법원을 통해 상속권을 협의할 수 있는 상속인이 누구인지 가려낸 후, 해당 상속인들이 협의서를 만들 때만 인정되는 셈입니다. 즉 상속분할협의서는 법원을 통해 소송 혹은 행정적인 절차를 거쳤을 때만 나올 수 있는 결과물이라고 할 수 있습니다. 가족관계 서류를 통해 상속인 파악이 가능하고, 법원을 가지 않고도 상속인들 간에 협의가 가능한 점은 한국에서만 가능한 합리적이면서도 굉장히 효율적인 시스템입니다.

캘리포니아주는 부부 공동재산제도를 따르고 있습니다. 부부가 결혼기간 중에 형성한 모든 재산은 부부의 공동재산이라는 것을 전제로 합니다(공동재산에 대해 남편은 해당 재산의 50%에 대한 권리가 있으며 아내 또한 50%에 대한 권리를 가짐). 반면 결혼 전 형성한 재산 혹은 어느 한 배우자가 상속·증여를 통해 획득한 재산은 해당 배우자의 Separate Property(개인재산)로 간주되어 해당 배우자가 100% 권리를 가집니다. "명의"를 중시하는 한국의 상속법 제도와 달리, 캘리포니아주의 상속법에서는 재산의 "성격(실질)"에 더 초점을 맞춥니다. 해당 사례에서도, 설사 아버지의 단독명의 부동산일지라도, 어머니와 결혼 기간 중 형성한 재산이라면 "부부의 공동재산"으로 우선 간주됩니다. 따라서 예를 쉽게 풀기 위해, 일단 아버지의 Separate Property(개인재산)이었다는 전제로 설명을 하겠습니다.* 미국은 서명제도이기에 장남이 아버지 사후, 아버지의 서명을 날조한 경우를 가정해 보겠습니다.

* 한국과 달리 미국은 인감제도가 없습니다.

(가) 장남이 아버지의 자필유언장을 위조했다는 가정 : 미국에서는 피상속인이 유언장을 남기고 사망시, 상속법원의 검인제도를 거쳐 재산을 상속받게 됩니다. 이때 유언장은 피상속인이 어떤 상속인에게 어떤 재산을 상속받게 했느냐를 보여주는 증거자료로 쓰이게 됩니다. 캘리포니아에서 효력

을 인정받는 자필유언장의 요건은 아래와 같습니다. ① 상속에 중요한 사항은 피상속인의 자필로 기술해야 하며, ② 피상속인인 유언자가 꼭 서명해야 하며 자신의 유언장임을 밝혀야 합니다. 이때 장남이 아버지의 서명을 위조하는 것은 가능할지 몰라도 상속에 관련된 중요한 사항을 아버지의 필적으로 똑같이 기재할 수는 없을 것이기에, 아버지의 자필유언장으로 인정받을 수 없을 것입니다. 따라서 장남이 이 방법을 통해 단독상속을 받을 수는 없습니다.

(나) 장남이 아버지의 증인된 유언장을 위조했다는 가정 : 캘리포니아에서 Witnessed Will(증인된 유언장)의 조건은 18세 이상의 성인이 작성한 유언장이라는 전제로 반드시 ① 문서화되어야 하고, ② 피상속인, 즉 유언자의 서명이 있어야 하며, ③ 피상속인이 해당 유언장을 서명할 때 최소한 2사람의 성인이 증인을 서야 합니다. 한국의 공증유언과 달리 캘리포니아의 증인된 유언장은 2명의 증인 서명만 필요할 뿐 공증을 필수로 요구하지 않습니다. 이때 해당 유언장을 통해 상속을 받는 사람 혹은 피상속인의 가족(혈연 혹은 혼인으로 맺어진 가족)은 증인이 될 수 없습니다. 따라서 어머니와 딸의 입장에서는 해당 2명의 증인이 정말 존재하는지, 존재한다면 적합한 증인인지, 그리고 아버지가 유언장을 서명 당시 그 증인들도 정신적·신체적으로 이상이 없었는지에 대해 알아보아야 합니다.

해당 사례의 재산이 부부 공동재산이었다면 상황은 어떨까요? 아무리 부동산이 아버지의 단독명의라 할지라도 아버지의 배우자로서, 어머니는 본인 몫(50%)에 대해 권리가 있습니다. 따라서 우선 어머니는 해당 재산의 50%가 본인 몫이기에, 아들로부터 소유권 반환청구를 할 수 있습니다. 또한 어머니와 딸이, 장남이 아버지의 서명을 날조한 것을 입증한다면 아버지 몫 50%도 어머니에게 상속이 됩니다. 날조된 유언장이나 트러스트는 효력이 없기에 아버지는 아무런 유언을 남기지 않고 사망한 것으로 간주됩니다. 유언장이나 트러스트 없이 사망한 경우, 사망한 배우자의 몫은 남은 배우자가 1순위 상속인이 됩니다. 따라서 캘리포니아주 상속법 조항에 따라, 아버지 몫 50%에 대해서는 어머니가 아버지의 배우자로서 1순위 상속인이 됩니다.

참고로, 캘리포니아에서 유언을 남기지 않고 배우자가 사망한 경우, 사망한 배우자가 남긴 재산이 해당 배우자의 Separate Property(개인재산)이었는지, 아니면 부부의 공동재산이었는지에 따라 상속순위가 다릅니다. 사망한 배우자의 Separate Property(개인재산)이었다면, ① 자녀가 한명일 때, 남아있는 배우자와 해당 자녀가 재산의 1/2을 각각 상속받게 됩니다. ② 자녀가 두명 이상일 때, 남아있는 배우자는 1/3을 받고, 2/3를 자녀들이 동등하게 나누게 됩니다. 반면 부부의 공동재산이었다면, 남아있는 배우자가 사망한 배우자 몫에 대해 1순위 상속인이 되어 재산의 100%를 상속받게 됩니다.

> "
> **아무리 부동산이 아버지의 단독명의라 할지라도 아버지의 배우자로서, 어머니는 본인 몫(50%)에 대해 권리가 있습니다.**
> "

02 / 공증유언

사업을 하는 아버지는 낭비가 심한 장남 대신 딸에게 회사를 물려주기로 결심했습니다. 그래서 회사 주식은 모두 딸에게 주고 은행예금은 모두 아내에게 준다는 유언장을 작성하고 공증까지 받았습니다. 그런데 아버지가 유언장을 작성한지 6개월 만에 췌장암으로 사망했습니다. 아버지 사후 유언장이 공개되자 장남은 아버지가 돌아가시기 3년 전에 이미 치매진단을 받았기 때문에 유언당시 의사능력이 없었다며 강하게 반발하고 있습니다. 이런 경우 상속인들은 각자의 입장에서 어떻게 해야 할까요?

▶▶▶ 한국법

아버지의 유언은 공증이 되었기 때문에 딸은 유언장에 기해서 주주명부 명의개서를 통해 아버지가 유증한 회사 주식을 취득할 수 있습니다. 어머니가 유증받은 예금도 공증유언에 기해 물려받을 수 있는 것이 원칙이지만, 은행에 따라서는 공증유언만으로는 돈을 내주지 않고 상속인 전원의 동의를 받아올 것을 요구하는 경우도 있습니다. 이것은 유언공증의 효력에 반하는 요구이지만, 은행내규 내지 실무처리를 근거로 지급을 거부하는 경우가 종종 있어서 문제가 되고 있습니다. 이럴 때는 변호사의 의견서 등으로 은행 담당자를 설득해서 해결되는 경우도 많습니다. 그렇지 않을 경우에는 직접 해당 은행을 상대로 예금지급청구소송을 하거나, 유언효력확인소송에서 승소판결을 받아서 그 판결문을 은행에 제출하여 해결할 수도 있습니다.

　그러면 이 유언집행에 반대하는 장남으로서는 어떻게 해야 할까요? 장남은 유언의 유효를 주장하는 어머니와 여동생을 상대로 유언무효확인의 소를 제기해야 합니다. 그리고 이 소송 절차 내에서 아버지의 의사무능력을 주장해야 합니다. 그런데 보통 공증까지 받은 유언인 경우에는 법원에서 유언자의 의사능력 없음을 이유로 유언이 무효라고 판단하는 경우는 흔치 않습니다. 공증은 변호사의 자격을 가진 전문가(공증인) 앞에서 이루어지는 것이고, 공증인이 유언자에게 이런 저런 질문을 함으로써 유언능력이 있는지 여부를 확인하기 때문입니다. 그러나 유언공증을 할 무렵에 병원에서 치매 관련 진료를 받은 기록이 있고, 그 기록에 유언자의 정신능력에 관한 의사의 진단내용이 기재되어 있다면 소송에서 유력한 자료로 사용할 수 있습니다. 그리고 아버지가 유언장을 작성하기 전이나 직후에 의사능력의 결함을 이유로 성년후견개시결정*이 있었다면 그 역시 유언무효확인소송에서 장남에게 유리한 자료로 활용될 수 있습니다.

　한편 유언이 유효할 경우를 대비하여 예비적으로 유류분반환청구를 해둘 필요가 있는지도 검토해 보아야 합니다. 유류분반환청구권은 소멸시효가 1년으로 매우 짧기 때문에 유언무효소송이 끝나고 나서 유류분소송을 시작할 경우 소멸시효가 완성되어 권리구제 자체가 안될 위험이 있습니다(민법 제1117조). 따라서 주위적으로 유언무효확인청구를 하고 예비적으로 유류분반환청구를 하던지, 아니면 유언무효소송과 별도로 유류분소송을 제기해 놓

* 노령, 장애, 질병 등으로 인해 정신적 제약이 있는 사람에 대해 가정법원에서 그 사람을 보호하기 위한 후견인을 선임하는 결정을 하는 것을 말합니다.

는 것이 좋습니다.

▶▶▶ 캘리포니아주법

캘리포니아는 부부 공동재산제도를 따르고 있습니다. 부부가 결혼기간 중에 형성한 모든 재산은 부부의 공동재산으로 간주합니다. 결혼 전 형성한 재산 혹은 한 배우자가 상속·증여를 통해 획득한 재산은 해당 배우자의 Separate Property(개인재산)로 간주하고 있습니다.

공동재산제도하에서는 결혼 후 축적한 모든 재산은 부부의 공동재산으로 우선 간주가 됩니다. 위 사례에서 아버지가 실제로 운영하던 회사라면, 이 회사의 주식은 부부 공동재산으로 간주될 가능성이 큽니다. 아무리 아버지가 단독으로 회사의 주식을 가지고 있다 할지라도 어머니의 몫이 50%가 있다고 전제할 가능성이 큽니다. 따라서 아버지의 회사주식을 모두 딸에게 상속한다는 것은 어머니의 동의가 있어야 가능한 상황입니다. 어머니의 동의하에 아버지의 회사주식이 모두 딸에게 상속된다고 할지라도 아버지가 유언장만 남겼다면 유언검인과정을 거쳐야 합니다.

캘리포니아 법원에서 인정해 주는 유언장은 주로 두 가지 형태입니다. 피상속인이 온전히 손으로 쓴 Holographic Will(자필유언장) 혹은 Witnessed Will(증인된 유언장)이 있습니다. Witnessed Will의 조건은 18세 이상 성인의 유언장이라는 전제로 반드시 ① 문서화되어야 하고, ② 피상속인, 즉 유언자의 서명이 있어야 하며, ③ 피상속인이 해당 유언장을 서명할 때 최소한 2사람의 성인이 증인을 서야 합니다. 한국의 공증유언과 달리 캘리포니아의 증인된 유언장은 2명의 증인 서명만 필요할 뿐 공증을 필수로 요구하지 않습니다. 이때 해당 유언장을 통해 상속을 받는 사람 혹은 피상속인의 가족(혈연 혹은 혼인으로 맺어진 가족)은 증인이 될 수 없습니다.

장남이 유언장의 효력 여부를 두고 소송을 하게 된다면 ① 아버지가 유언장을 작성할 수 있는 정신적 능력이 없었을 때 유언장이 작성되었음을 밝혀야 하고, ② 유언장이 사기 혹은 "Undue Influence(부당한 영향)"에 따른 것임을 밝혀야 합니다. 만약 장남의 주장대로 아버지가 치매에 걸린 상태였다면 장남에게 유리한 증거가 될 수 있습니다. 그러나 아버지의 치매상태가 경증이어서 유언장 서명당시 의사능력이 있었고, 부당한 영향없이 본인의 의지대로 작성·서명했음을 증인이 증언한다면 재판의 결과는 딸과 어머니에게 유리한 방향으로 진행될 가능성이 높습니다.

예금의 경우, ① 예금이 아버지의 Separate Property(개인재산)이었다면 어머니는 아버지의 유언장을 가지고 상속법원 Petition for Probate of Will(검인과정)을 거쳐야 하고, 반면 ② 예금이 부부의 공동재산이었다면 어머니는 Spousal Property Petition(배우자 청원)을 해야 합니다.

예금이 아버지의 Separate Property(개인재산)인 경우(예를 들어 어머니와 결혼 전에 형성한 재산, 혹은 증여·상속받은 재산) 어머니는 자녀들과 공동상속권을 갖습니다. 앞서 설명한 대로,

피상속인인 아버지가 자신의 Separate Property(개인재산)인 예금을 어머니에게 준다는 유언장을 남긴 채 사망한다면, 상속자들은 해당 유언장을 상속법원에 증거자료로 제출하여 유언장의 적법성을 따지고, 해당 수유자(유언으로 재산을 받게 되는 사람)의 권리를 법원을 통해 다시 확인받게 됩니다. 따라서 유언검인 과정을 거쳐, 유언장의 적법성에 이상이 없으면 어머니가 예금을 모두 상속받게 됩니다. 반면 예금이 부부 공동재산이라면(아무리 아버지 단독명의라 할지라도), 어머니는 이미 예금의 50% 주인인 셈입니다. 그리고 나머지 50%에 대해서도 아버지의 유언장에 따라 어머니가 수유자이므로, 예금에 대해서 어머니가 유일한 권리자가 됩니다.

03 자필유언 (I)

의사였던 아버지는 어머니와 사이에 딸을 낳았는데, 같은 병원에 근무하던 간호사와 바람이 나서 아들을 낳았습니다. 그리고 아버지는 어머니와 이혼하고 그 간호사와 재혼을 했습니다. 그후 아버지는 아파트와 병원건물을 포함한 모든 재산을 아들에게만 준다는 자필유언장을 작성했습니다. 아버지가 사망한 경우 아들은 유언에 따라 상속부동산을 자기 앞으로 가지고 올 수 있을까요?

▶ ▶ ▶ 한국법

공증유언장과 달리 자필유언장으로 부동산등기를 하기 위해서는 먼저 가정법원에 유언검인을 받아야 합니다. 유언검인은 유언장의 성립과 존재를 명확히 하여 그것이 위조나 변조되는 것을 막고, 그 보존을 확실히 하기 위한 검증절차입니다. 유언장을 소지한 자가 검인청구를 하면 가정법원은 검인기일을 지정하여 검인을 진행합니다. 검인기일에는 청구인 뿐 아니라 상속인 등 이해관계인에게도 기일을 통지하여 참여의 기회를 줍니다. 이 검인기일에서는 유언장에 대한 사실조사 뿐 아니라 이해관계인들이 유언의 내용이나 집행에 관해 이의가 있는지 여부를 확인하여 검인조서에 기재합니다.

자필유언장에 기해서 부동산 소유권이전등기를 하려면 유언장 뿐 아니라 검인조서를 등기소에 제출해야 합니다. 그런데 검인기일에 출석한 상속인들이 "유언자의 자필이 아니고 날인도 유언자의 것이 아니라고 생각한다"거나 "유언자의 평소 언행에 비추어 봤을 때 유언자가 이런 식의 유언을 했을 리가 없다. 유언자의 의사에 따른 것으로 보이지 않는다"는 식으로 자필유언장의 진정성에 관해 다투는 사실이 검인조서에 기재되어 있는 경우에는 등기소에서 등기를 해주지 않습니다. 이런 때는 상속인 전원이 "유언 내용에 따른 등기신청에 이의가 없다"는 취지로 작성한 동의서와 인감증명서를 첨부하도록 요구하는데, 이미 유언검인절차에서 유언장의 진정성에 관해 다툰 상속인이 그와 같은 동의서를 작성해줄 리 만무하지요.

이 사건의 경우에도 아들이 아버지의 자필유언에 따라 부동산 소유권이전등기를 하려면 자필유언장과 검인조서를 등기소에 제출해야 하는데, 그 검인조서에는 분명 딸의 이의진술(유언대로 집행하는 것에 이의가 있다는 취지)이 기재되어 있을 것이기 때문에 유언장대로 등기를 할 수가 없을 것입니다. 이런 경우에는 장남은 딸을 상대로 유언효력확인의 소를 제기하여야 합니다. 이 소송을 통해 아버지의 자필유언이 유효하다는 확정판결을 받으면, 그 판결문을 가지고 등기를 할 수 있습니다.

▶▶▶ 캘리포니아주법

캘리포니아는 부부 공동재산제도를 채택하고 있습니다. 결혼한 이후 축적한 재산은(명의에 상관없이) 부부의 공동재산이라는 전제입니다. 이는 각 배우자의 노동력을 부부의 공동 노동력으로 보는 데서 시작합니다. 즉 남편만 일을 하고, 아내는 전업주부일지라도 남편의 노동력이 결국 부부의 공동 노동력이니, 이혼시 재산분할을 재산 기여도에 상관없이 부부가 각각 절반씩 받도록 되어 있습니다.

아버지가 어머니와 이혼을 했다면 이미 캘리포니아 가정법원을 통해 재산분할을 끝냈다고 볼 수 있습니다. 따라서 아버지가 사망 전까지 가지고 있던 재산은 아버지의 Separate Property(개인재산)이거나 아니면 새로운 아내(간호사)와의 공동재산일 가능성이 큽니다. 혹은 Separate Property(개인재산)와 공동재산의 요소가 같이 섞여 있을 수도 있습니다. 재산의 성격을 판가름하는 요소는 여러 가지입니다. 이때 대표적인 척도는 해당 재산이 어떤 과정을 통해 형성이 되었는지(해당 재산의 구매시기가 결혼 전인지 후인지, 해당 부동산의 구매자금은 어떻게 마련하였는지) 그리고 해당 재산을 어떻게 관리 및 유지하고 있는지입니다. 예를 들어, 아버지가 이미 재혼 전 아파트와 병원건물을 구매했고, 그후 해당 부동산에서 나온 부동산 임대소득으로 융자와 제반 비용을 내고 있었다면 아버지의 Separate Property(개인재산)로 간주될 가능성이 큽니다.

반면 아버지가 재혼 후 해당 부동산들을 구매했고, 아버지 혹은 아버지의 새 아내가 일을 해서 해당 재산의 융자를 갚거나 그 밖에 부동산 관리 제반 비용을 내고 있었다면, 부부의 공동 노동력이 제공되어 재산이 계속 늘어간 셈입니다.

새 아내와의 공동재산일 경우는 아무리 아버지 명의만으로 되어있을지라도, 아들은 본인의 어머니의 동의가 있어야 아버지 명의 아파트와 병원건물을 상속받을 수 있습니다. 부부의 공동재산이기에 새 아내가 이미 아파트와 병원건물의 50% 권리자로 간주되기 때문입니다. 아버지는 재산의 성격상 50%에 대해서만 주인인 셈이므로, 아버지가 자필유언장에 아파트와 병원건물의 100%를 아들에게 상속한다고 남겼다면, 이는 아내의 동의 없이 남편 단독으로 아내의 몫에 대해 상속을 임의로 결정한 것입니다. 따라서 먼저 어머니의 동의가 필요하며, 아버지 사후 상속법원에서 유언검인과정을 통해, 아들은 아버지의 재산(50%)을 상속받고 어머니의 재산(50%)을 증여받을 수 있습니다.

반면 아버지의 Separate Property(개인재산)이었다면, 아들은 어머니의 동의없이 상속법원 유언검인과정을 통해 아버지의 재산을 모두 상속받을 수 있습니다.

04 자필유언(Ⅱ)

?

위 케이스에서, 딸은 어떻게 자신의 권리를 지킬 수 있을까요?

▶▶▶ 한국법

딸은 위와 같이 아들이 제기한 유언효력확인소송에서 다음과 같은 주장을 해볼 수 있을 것입니다.

① 자필유언장이 위조되었다(아버지의 평소 필적과 다르다).
② 아버지가 유언장 작성 당시 의사능력이 없었다(아버지는 유언장을 작성하기 전에 이미 치매상태였다).
③ 자필유언의 형식요건을 결여했다(자필유언장은 유언장 전문과 주소, 날짜를 유언자가 자필로 기재해야 하고, 서명날인을 해야 함 : 민법 제1066조).

딸이 위와 같은 문제점들을 적극 주장, 입증할 경우 유언장을 무효로 만들 수 있습니다. 이렇게 되면 아들은 유언에 따른 소유권이전등기를 할 수가 없게 되고, 결국 법정상속분에 따라 아버지의 재산을 분배받게 됩니다. 그럴 경우 자녀들은 동등하게 각 2/7를 상속받게 되고, 재혼한 아내는 배우자로서 0.5를 가산하여 3/7을 상속받게 됩니다.

그런데 혹시 유언이 유효하다는 판단을 받게 될 경우를 대비하여 딸은 아들을 상대로 유류분반환청구를 해야 합니다. 유류분은 법정상속분의 1/2이므로, 딸이 유류분으로 받게 될 상속재산은 각 1/7이 됩니다. 여기서 주의해야 할 점은, 유류분반환청구권은 유류분이 침해된 것을 안 날로부터 1년이라는 단기 소멸시효의 적용을 받기 때문에 유언효력확인소송이 끝날 때까지 기다리지 말고 소멸시효가 지나기 전에 빨리 유류분반환청구를 해야 한다는 것입니다.

참고로, 위와 같은 프로세스는 자필유언장일 경우에만 해당되는 것이고, 만약 A가 공증유언을 했다면 상황은 달라지게 됩니다. 공증유언에 대해서는 유언검인을 받을 필요가 없이 유언장만으로 유증에 기한 소유권이전등기가 가능합니다. 따라서 E는 A의 공증유언장만 가지고 부동산에 대한 소유권이전등기를 할 수 있고, C와 D가 이에 반대할 경우 E를 상대로 유언무효확인의 소를 제기해야 합니다. 그리고 역시 유언이 유효하다는 판단을 받을 경우를 대비하여 예비적으로 유류분반환청구를 하는 것이 소송 전략적으로 바람직합니다.

▶ ▶ ▶ 캘리포니아주법

아버지가 남긴 병원과 아파트가 새어머니(간호사)와 아버지가 축적한 공동재산이었다면, 아버지가 남긴 자필유언장이 적법하지 않다고 할지라도 딸은 상속권이 없습니다. 아버지의 자필유언장이 무효가 되더라도 부부의 공동재산은 아내에게 1순위 상속권이 있기 때문입니다.

반면, 해당 아파트와 병원이 아버지의 Separate Property(개인재산)이었다면, 딸은 아버지의 자필유언이 무효라는 것을 입증해야 무유언상속법을 근거로 한 본인 몫(아버지가 남긴 개인재산의 1/3)을 찾아올 수 있습니다. 유언장 무효소송시, 딸이 주장할 수 있는 내용은 한국법원에서 딸이 주장할 수 있는 내용과 같습니다. 즉 ① 아버지의 평상시 필적과 다르다거나(아버지가 쓴 유언장이 아님을 강조함), ② 아버지가 유언장 작성당시 의사 능력이 없었다거나, ③ 캘리포니아에서 요구하는 자필유언장의 형식에 맞지 않음을 주장할 수 있습니다. 캘리포니아에서 자필유언장의 조건은 (a) 상속에 중요한 사항은 피상속인의 자필로 기술해야 하며, (b) 피상속인 유언자가 꼭 서명해야 하며 자신의 유언장임을 밝혀야 합니다.

> 캘리포니아에서는
> **유류분 제도가 없습니다.**

캘리포니아에서는 유류분 제도가 없습니다. 따라서 딸은 유언장 무효소송을 통해서만 무유언상속법에 기초한 본인 몫(아버지 개인재산의 1/3)을 받을 수 있습니다.

05 대습상속

시아버지에게는 아들 둘이 있었는데, 저는 그 중 둘째 아들과 결혼했습니다. 결혼 후 손자를 낳았더니 시아버지가 너무 예뻐하셨습니다. 손자가 공부를 잘해서 의대에 진학하자 시아버지는 그 동안 고생했다면서 저와 손자에게 빌딩 한채를 1/2씩 증여해 주셨습니다. 그로부터 3년 후 남편이 교통사고로 사망했고, 다시 7년 후에 시아버지도 지병으로 돌아가셨습니다. 시아버지가 남긴 재산은 15억원 상당의 아파트와 5억원의 예금채권이 있었고, 10년 전에 증여받았던 빌딩의 시가는 약 100억원이었습니다. 그러자 시아주버니(장남)가 저와 제 아들(손자)을 상대로 유류분반환청구를 했습니다. 저희는 시아주버니에게 유류분을 반환해 주어야 할까요?

▶▶▶ 한국법

시아버지보다 남편이 먼저 사망하였기 때문에 며느리와 손자는 대습상속인이 됩니다. 대습상속이라 함은, 원래 상속인이 되었어야 할 자녀가 상속개시 전에 사망한 경우, 그 자녀의 배우자나 직계비속(손자녀)이 그 사망한 자녀의 순위에 갈음하여 상속인으로 되는 것을 말합니다(민법 제1001조, 제1003조). 따라서 만약 시아버지가 생전에 증여를 하지 않고 돌아가셨다면, 전체 상속재산은 120억원이 되고 이것을 장남과 차남의 상속인들(며느리와 손자)이 60억원씩 상속을 받게 되었을 것입니다. 그런데 아버지의 생전증여로 인해 남겨진 상속재산만으로는 장남이 자신의 유류분(30억원)을 확보하지 못하게 되었으니 유류분반환청구를 한 것입니다.

이 사건과 같이 대습원인(차남의 사망)이 발생하기 전에 시아버지가 대습상속인들인 며느리와 손자에게 증여를 한 경우에도 유류분반환청구가 가능할까요? 이처럼 대습원인 발생 이전에 대습상속인이 피상속인으로부터 증여를 받은 경우에는 그 대습상속인이 아직 상속인의 지위에서 받은 것이 아니어서 상속분의 선급으로 볼 수 없으므로 특별수익이 아니라는 판례가 있습니다(대법원 2014. 5. 29. 선고 2012다31802 판결). 모든 증여가 유류분반환을 해줘야 하는 것이 아니라 상속분을 미리 받은 것과 같은 의미를 가질 때에만 특별수익에 해당하여 유류분반환 대상이 됩니다. 즉 증여를 받은 사람이 상속인의 지위에서 받은 경우에만 상속분을 미리 받은 것이 되어 특별수익으로서 유류분반환 대상이 된다는 것입니다. 이렇게 되면 결국 장남의 유류분반환청구는 인정되기 어려울 것입니다. 따라서 시아버지가 남긴 상속재산 20억원을 장남과 차남의 대습상속인들(며느리와 손자)이 절반씩 나누어 가지게 될 것입니다(장남은 10억원, 며느리와 손자는 법정상속분 비율에 따라 며느리가 6억원, 손자가 4억원).

그러나 만약 시아버지가 대습원인이 발생한 이후에 며느리와 손자에게 빌딩을 증여한 것이었다면 어떨까요? 이 경우는 결론이 달라지게 됩니다. 대습원인이 발생한 후, 즉 차남이 사망한 후에는 차남을 대신하여 며느리와 손자가 (대습)상속인의 지위에 있게 됩니다. 이처럼 상속인의 지위에서 증여를 받은 경우에는 상속분의 선급으로 받은 것이 되므로 그것은 특별수익으로서 유류분반환대상이 될 수 있습니다. 따라서 시아버지가 남긴 상속재산 20억원은 모두 장남이 가져가고 추가로 유류분 부족액 10억원을 차남의 대습상속인들에게 반환받을 수 있을 것입니다.

05-2 대습상속*

*앞의 사례를 미국의 실정에 맞게 각색하였습니다.

?

시아버지에게는 아들 둘이 있었는데, 저는 그 중 둘째 아들과 결혼했습니다. 결혼 후 손자를 낳았더니 시아버지가 너무 예뻐하셨습니다. 손자가 공부를 잘해서 의대에 진학하자 시아버지는 그 동안 고생했다면서 저와 손자에게 빌딩 한채를 1/2씩 증여해 주셨습니다. 그로부터 3년 후 남편이 교통사고로 사망했고, 다시 7년 후에 시아버지도 지병으로 돌아가셨습니다. 시아버지가 남긴 자산은 120만 달러 상당의 하우스와 40만 달러 상당의 예금채권이 있었고, 10년 전에 증여받았던 빌딩의 시가는 약 800만 달러였습니다. 그러자 시아주버니(장남)가 저와 제 아들(손자)을 상대로 소송했습니다. 저희가 시아주버니에게 드려야 할 게 있을까요?

▶▶▶ 캘리포니아주법

앞서 이야기한 대로 캘리포니아에서는 유류분 제도가 없습니다. 또한 캘리포니아에서는 배우자가 대습상속인이 아니기 때문에, 며느리가 먼저 사망한 남편의 상속분에 대해 대습상속을 받지 않습니다. 대습상속은 "혈연"과 "입양"을 통한 후손에게만 이뤄집니다.

시아버지가 생전에 며느리와 손자에게 증여한 재산을 시아버지 사후에 장남이 이의를 제기하는 소송을 진행하는 것은 미국에서는 어렵습니다. 이는 유류분을 인정하지 않는 캘리포니아에서, 이미 시간이 한참 지난 "증여"에 대해 소송을 제기할 근거를 찾기 힘들기 때문입니다.

참고로 미국에서 쓰는 대습상속의 방법은 크게 나누어서 두 가지입니다.

❶ ____ Per Stirpes System (가계별 방식)

Per Stripes는 라틴어로 "뿌리대로"라는 뜻으로 By Right of Representation이라고 불리기도 합니다. Per Stirpes 방법을 따르면 사망한 후손이던 살아있는 후손이던 우선 각 세대(가계)별로 1/n씩 받고, 각 세대에서 각 가족 또한 1/n로 상속을 받는 것입니다. 본문의 예에 따르면, 할아버지는 아들이 둘이 있으므로 할아버지 사망시 장남과 차남이 각각 1/2씩 상속을 받습니다. 이때 할아버지보다 먼저 세상을 떠난 차남의 몫은 차남의 자녀들에게 1/n로 대습상속됩니다. 차남의 후손, 즉 손자가 1명이라면 그 해당 손자가 1/2을 받는 것이지만, 손자가 여러 명이면 할아버지 재산의 1/2(차남 몫)을 또 1/n로 손자들이 나눠서 받습니다. 캘리포니아에서는 피상속인 본인의 유언장 혹은 생전신탁에 특별히 다른 대습상속법을 따른다고 명시를 하지 않는 경우, Per Stirpes(혹은

By Representation 또는 By Right of Representation으로 불림)에 따라 대습상속을 합니다(캘리포니아 상속법 제240조).

❷ _____ Per Capita System (개인별 방식)

Per Capita는 라틴어로 "사람 수대로"라는 뜻으로, 살아있는 후손의 숫자에 초점을 맞춰서 대습상속을 합니다. 예를 들어, 장남도 사망하고 차남도 사망한 경우에 총 손자의 숫자가 5명이라면(장남의 후손인지 혹은 차남의 후손인지 따지지 않고) 각 손자가 1/5씩 대습상속을 받게 됩니다.

06 상속분과 상속재산분할

?

A씨에게는 아내 B씨와 아들 C, 딸 D가 있습니다. A씨는 사망하면서 아내와 함께 살던 아파트(시가 약 20억원)와 예금 10억원을 남겼습니다. 그런데 A씨는 생전에 아들에게 5억원의 전세보증금을 증여한 적이 있습니다. 이런 경우 A씨의 가족들은 A씨가 남긴 재산을 어떻게 나눠 가지면 될까요?

▶▶▶ 한국법

한국에서 상속재산을 분할하는 방법으로 첫째는 협의에 의한 분할이 있고, 둘째는 심판(법원)에 의한 분할이 있습니다. 상속인들 간에 협의가 이루어지면 어떤 식으로 분할을 해도 무방합니다. 예를 들어 전 재산을 상속인 중 한 사람이 모두 가져가는 식으로 분할협의를 할 수도 있습니다. 이렇게 협의한다고 해서 전 재산을 상속받은 상속인이 다른 상속인으로부터 증여를 받은 것으로 취급되지 않습니다. 상속재산분할에는 소급효가 있어서 처음부터(상속개시 시부터) 그와 같이 재산이 분할된 것으로 보기 때문입니다(민법 제1015조). 그래서 상속인 간에 증여세 이슈도 발생하지 않습니다. 상속재산분할협의서가 있으면 부동산등기도 가능하고 예금인출도 가능하게 됩니다. 그러나 분할협의서가 없으면 등기가 안되는 것은 물론이거니와 은행에서 법정상속분만큼도 예금을 지급해 주지 않습니다.

> **구체적 상속분이라 함은, 법정상속분에다가 특별수익(생전증여)을 고려하여 상속분을 계산하는 것입니다.**

만약 상속인 간에 협의가 되지 않을 경우 상속인들은 가정법원에 상속재산을 분할해달라는 심판을 청구할 수 있습니다. 이렇게 되면 가정법원은 구체적 상속분에 따라 상속재산을 분할합니다. 구체적 상속분이라 함은, 법정상속분에다가 특별수익(생전증여)을 고려하여 상속분을 계산하는 것입니다. 한국 민법상 법정상속분은 자녀들은 동등하고, 배우자는 자녀들보다 0.5를 가산하여 받습니다. 따라서 위 사안의 경우 법정상속분은 아내 B씨가 3/7, 자녀들인 C와 D는 각각 2/7가 됩니다. 그런데 구체적 상속분은 아들 C의 특별수익 5억원을 고려해야 하므로, 결국 상속인들의 구체적 상속분은 아내 B씨가 15억원(총 상속재산 35억원×3/7), 딸 D가 10억원(35억원×2/7), 아들 C가 5억원(10억원-이미 증여받은 5억원)이 됩니다.

부동산의 분할 방법으로는 ① 현물분할(공유지분으로 공동소유), ② 차액정산에 의한 분할(특정 상속인이 부동산을 단독으로 소유하는 대신 다른 상속인들에게 차액을 현금으로 정산), ③ 경매에 의한 가액분할 등이 있습니다. 이런 방법들 중 어떤 식으로 분할을 할 것인지에 관해 상속인들 간에 협의가 되면 그 방식대로 분할을 해주지만, 협의가 안될 경우에는 가정법원이 가장 적절하다고 판단되는 방식으로 분할을 해줍니다. 일반적으로 가정법원에서는 공유지분에 따른 현물분할 방식을 선택하는 경우가 많습니다.

06-2 상속분과 상속재산분할*

A씨에게는 아내 B씨와 아들 C, 딸 D가 있습니다. A씨는 사망하면서 아내와 함께 살던 아파트(시가 약 160만 달러)와 예금 80만 달러를 남겼습니다. 그런데 A씨는 생전에 아들이 집을 살 때 아들에게 40만 달러의 Deposit(디파짓)을 증여한 적이 있습니다. 이런 경우 A씨의 가족들은 A씨가 남긴 재산을 어떻게 나눠 가지면 될까요?

*앞의 사례를 미국의 실정에 맞게 각색하였습니다.

▶▶▶ 캘리포니아주법

부부 공동재산제도인 캘리포니아에서는 생존 배우자에게 상속에 대한 우선권을 줍니다. 피상속인이 유언없이 사망한 경우, 피상속인의 Separate Property(개인재산)는 배우자 외에 자녀의 수를 따져서 상속지분을 결정합니다(자녀가 한명일 경우 배우자와 자녀가 1/2씩, 자녀가 두명 이상이면 배우자가 1/3 그리고 나머지 지분을 자녀들이 동등하게 나누어 가짐). 반면 공동재산은 배우자가 1순위 상속인이기에 자녀의 상속지분이 따로 없습니다(배우자가 100% 취득).

아버지가 유언없이 사망한 경우, 아버지가 남긴 아파트와 예금이 공동재산이라면 어머니가 이에 대한 모든 상속을 받습니다. 반면 아버지가 남긴 아파트와 예금이 Separate Property(개인재산)라면 어머니가 1/3, 그리고 나머지 자녀들이 각각 1/3씩 받습니다.

아버지가 생전에 증여한 40만 달러가 아버지와 어머니의 공동재산에서 나왔다면 어머니도 동의한 증여일 경우, 아버지의 사망과 이에 따른 어머니의 공동재산 상속에 별다른 영향을 끼치지 않습니다. 반면 증여금 40만 달러가 아버지의 Separate Property(개인재산)에서 나온 것일 경우, 딸과 어머니는 아들에게 해당 증여가 상속을 미리 받은 것임을 주장해 볼 수 있습니다. 캘리포니아 상속법 제 21135조에 따르면 아래에 해당하는 상황 중 하나일 경우, 그 증여는 미리 앞당겨 받은 상속분으로 간주됩니다.

❶ _____ (피상속인의) 생전신탁 혹은 유언장에 기 증여된 금액을 상속지분에서 차감하라는 문구가 있을 때

❷ _____ 증여당시 피상속인(그 당시 증여자)이 증여금액을 상속지분에서 차감하라는 뜻을 문서로 남겨놓았을 때

❸ _____ 수증자가 상속을 앞당겨서 증여받았기에 본인 상속지분에서 증여액이 차감이 되는 것을 인정하는 문서를 남겼을 때

❹ _____ 유언장이나 생전신탁에 피상속인이 해당 수증자에게 상속으로 남긴다고 기재해 놓은 재산과 증여해 준 재산이 일치할 때

따라서 위 경우에 해당한다면, 아들은 본인 몫인 80만 달러(240만 달러의 1/3)에서 40만 달러를 차감한 금액을 상속받게 됩니다.

07 / 상속결격과 기여분

A와 B는 혼인하여 아들 C를 두었습니다. 그런데 남편 A는 C가 8살이 되었을 때 처자식을 두고 가출하여 다른 여자와 사실혼으로 살면서 B와 C를 전혀 부양하지 않았습니다. B는 혼자서 아들을 키우며 살았는데, A와 법적으로 이혼을 하지는 않았습니다. 아들이 나중에 결혼할 때 부모가 이혼했다는 사실이 별로 좋지 않을 것이라 생각했기 때문입니다. C는 대학 졸업 후 스타트업 회사를 창업하여 크게 성공하였으나, 교통사고로 사망했습니다. C는 사망 당시 결혼도 하지 않은 상태에서 약 50억원의 재산만 남기고 떠났습니다. 그러자 갑자기 A가 나타나서 C의 아버지로서 C가 남긴 재산 중 절반을 자신이 가져야 한다고 주장하고 있습니다. 이럴 경우 B는 어떻게 해야 할까요? A가 상속인으로서의 자격이 없다고 주장할 수 있을까요?

▶▶▶ 한국법

한국에도 일정한 사유가 있으면 상속인의 상속권을 박탈시키는 상속결격제도가 존재합니다(민법 제1004조). 그 사유는 다음과 같은 경우입니다.

① 고의로 직계존속, 피상속인, 그 배우자 또는 상속의 선순위나 동순위에 있는 자를 살해하거나 살해하려한 자
② 고의로 직계존속, 피상속인과 그 배우자에게 상해를 가하여 사망에 이르게 한 자

③ 사기 또는 강박으로 피상속인의 상속에 관한 유언 또는 유언의 철회를 방해한 자

④ 사기 또는 강박으로 피상속인의 상속에 관한 유언을 하게 한 자

⑤ 피상속인의 상속에 관한 유언서를 위조·변조·파기 또는 은닉한 자

그러나 사안과 같이 처자식을 버리고 부양하지 않는 등 아버지로서의 역할을 전혀 하지 않은 경우는 상속결격사유에 해당하지 않습니다. 따라서 B는 A가 상속결격자라고 주장할 수는 없습니다. 결론적으로 B는 A가 자신과 함께 C의 공동상속인이 되는 것을 막을 수는 없습니다.

한국에서도 미국 뉴욕주처럼 부양의무를 이행하지 않은 부모의 상속권을 상실시키는 제도(상속권상실제도)를 도입하자는 입법론이 대두되고 있습니다.* 그리하여 법무부에서 상속권상실청구제도에 대한 입법안(소위 '구하라법')을 만들어 공청회를 열기도 했습니다(필자도 법무부 상속권상실제도TF팀에 소속되어 입법 작업에 참여한 바 있습니다).

그런데 2024년 8월 28일 상속권상실청구제도가 드디어 국회 본회의를 통과했습니다. 그 내용은, **상속인이 될 사람이 피상속인에 대해 △부양의무를 위반 △중대한 범죄행위 △부당한 대우를 할 경우 피상속인의 유언이나 공동상속인의 청구에 따라 가정법원이 상속권 상실 여부를 결정**하도록 규정하고 있습니다. 이 개정안은 2026년 1월부터 시행됩니다. 따라서 앞으로는 부양의무를 위반

* 한국의 가수이자 배우였던 고 구하라 씨가 자살을 하자 구하라 씨를 전혀 부양하지 않았던 생모가 나타나 구하라 씨의 재산에 대한 상속권을 주장했던 일이 계기가 되었습니다.

한 부모의 상속권을 상실시킬 수 있는 길이 열렸습니다.

한편 B는 A를 상대로 상속재산분할심판청구를 하면서 기여분을 주장할 수 있습니다. 기여분제도는, 공동상속인 중에 상당한 기간 동거, 간호 그 밖의 방법으로 피상속인을 특별히 부양하거나 피상속인의 재산의 형성, 유지에 특별히 기여, 공헌한 사람이 있는 경우 그 사람에 대하여 법정상속분에다 기여에 상당하는 액수를 더한 재산을 취득할 수 있게 함으로써 공동상속인 간에 형평을 도모하기 위한 제도입니다(민법 제1008조의2). A는 C가 8살 때 가출하여 딴살림을 차리며 처자식을 전혀 돌보지 않았습니다. 그러는 동안 B는 홀로 C를 키우며 C가 재산을 형성하는 데 많은 기여를 했다고 볼 수 있습니다. 전체 상속재산에서 기여분을 몇 % 인정할 것인지는 어디까지나 가정법원의 재량이어서 일률적으로 말할 수는 없지만, 이 정도 케이스라면 B의 기여분은 적어도 상속재산의 50% 이상 인정되어야 할 것으로 생각됩니다. 만약 기여분이 50% 인정될 경우 상속재산 50억원에서 기여분 25억원을 제외한 나머지 25억원을 기준으로 A와 B가 법정상속분에 따라 1/2씩 나누게 됩니다. 결국 A는 12.5억원을, B는 37.5억원을 상속받게 됩니다. 한편 상속세는 A와 B가 각자 상속받은 재산가액의 비율에 따라 부담을 하게 됩니다.

한편 B는 홀로 C를 양육한 것에 대하여 A를 상대로 과거의 양육비청구를 할 수도 있습니다. 대법원 역시 "어떠한 사정으로 인하여 부모 중 어느 한 쪽만이 자녀를 양육하게 된 경우에, 양육하는 일방은 상대방에 대하여 현재 및 장래에 있어서의 양육비 중

적정 금액의 분담을 청구할 수 있음은 물론이고, 부모의 자녀양육의무는 특별한 사정이 없는 한 자녀의 출생과 동시에 발생하는 것이므로 과거의 양육비에 대하여도 상대방이 분담함이 상당하다고 인정되는 경우에는 그 비용의 상환을 청구할 수 있다."고 판시하였습니다(대법원 1994. 5. 13.자 92스21 전원합의체 결정).

▶▶▶ 캘리포니아주법

캘리포니아 상속법 제 254조에 따르면 상속인이 피상속인을 의도적으로 혹은 중범죄의 방법으로 살해한 경우 상속결격사유로 보고 상속권을 박탈하고 있습니다. 따라서 A가 C를 돌보지 않았다고 해서 상속자격을 박탈당하지는 않습니다. 자녀가 부모보다 먼저 사망시 사망한 해당 자녀가 본인의 자녀나 배우자를 남기지 않은 경우, 부모는 자녀가 남긴 재산의 1순위 상속자가 됩니다. 따라서 상황은 안타까우나, 기여분에 대한 특별한 상속법 조항이 없는 캘리포니아주법을 따르게 되면 아버지인 A가 C의 재산 1/2을 상속받게 됩니다.

그러나 이것은 주마다 다릅니다. 예를 들어 뉴욕주의 경우에는 자녀가 미성년인 동안에 부모가 그 자녀를 유기한 경우에는 그 자녀로부터 상속을 받을 수 없고(N.Y.EPTL 제4-1조 제4항), 배우자가 피상속인을 유기하거나 부양을 거절한 경우에도 배우자로서 상속권을 주장할 수 없습니다(N.Y.EPTL 제5-1조 제2항).

08 상속포기

?

A에게는 아내 B와 아들 C가 있습니다. A는 사망할 당시 2억원 상당의 재산을 남겼습니다. 가족들은 A에게 다른 채무가 있는 줄 모르고 그냥 모두 상속을 받았습니다. 그런데 A가 사망한 후 1년 뒤에 한국자산관리공사로부터 내용증명이 왔습니다. A에게 5억원의 채무가 있으니 이 채무를 상속인들이 갚으라는 것이었습니다. 가족들은 어떻게 해야 할까요?

▶▶▶ 한국법

상속재산 중에 재산보다 채무가 더 많아서 상속을 받는 것이 오히려 손해인 경우에 취할 수 있는 방법이 상속포기입니다. 상속포기를 하려는 상속인은 상속이 개시된 날로부터 3개월 내에 가정법원에 상속포기신고를 해야 합니다(제1041조). 이 기간이 지나면 포기를 할 수 없고, 피상속인의 재산과 채무를 모두 승계하게 됩니다. 상속을 포기하면 처음부터(상속이 개시된 때부터) 상속인이 아닌 것이 됩니다(제1042조). 따라서 상속을 포기하면 상속세로부터 완전히 자유롭게 됩니다.

그런데 아버지가 물려주신 상속재산 중에 재산이 더 많은지 채무가 더 많은지 파악하기가 힘들 경우도 있을 수 있습니다. 보통 아버지가 사업체를 운영하고 계셨을 때 자주 일어나는 문제입니다. 사업체를 운영하면 거래처와의 복잡한 채권, 채무 관계 때문에 재산과 채무의 규모를 빠른 시일 내에 파악하기 어려울 수 있기 때문입니다. 이런 경우에는 한정승인을 하면 됩니다. 한정승인은 상속으로 인하여 취득할 재산의 한도 내에서 피상속인의 채무를 변제할 것을 조건으로 상속을 승인하는 것을 말합니다(제1028조). 한정승인신고 역시 상속이 개시된 때로부터 3개월 내에 가정법원에 하여야 합니다(제1030조).

아버지의 재산이 채무보다 더 많다고 생각하여 단순승인을 했는데, 나중에(상속포기나 한정승인을 할 수 있는 3개월이 지난 후에) 예상치 못한 아버지의 채무가 발견된 경우에는 어떻게 할까요? 바로 이 사건과 같은 경우입니다. 이럴 때는 특별한정승인을 할 수 있습니다. 상속채무가 상속재산을 초과한다는 사실을 중대한 과실 없이 알지 못한 때에는 그 사실을 안 날로부터 3개월 내에 가정법원에 한정승인신고를 할 수 있는데, 이것을 특별한정 승인이라고 합니다(제1019조 제3항). 따라서 A의 가족들은 내용증명을 받은 때로부터 3개월 내에 가정법원에 특별한정승인 신고를 하면 됩니다. 그렇게 하면 상속받은 재산 범위 내에서만 상속채무를 변제하면 됩니다.

08-2 / 상속포기*

* 앞의 사례를 미국의 실정에 맞
게 각색하였습니다.

❓

A에게는 아내 B와 아들 C가 있습니다. A는 사망할 당시 16만 달러 상당의 재산을 남겼습니다. 가족들은 A에게 다른 채무가 있는 줄 모르고 그냥 모두 상속을 받았습니다. 그런데 1년 뒤에 채권자가 나타나 A에게 40만 달러의 채무가 있으니 이 채무를 상속인들이 갚으라는 것이었습니다. 가족들은 어떻게 해야 할까요?

▶▶▶ 캘리포니아주법

캘리포니아에서는 A의 채무가 B와의 혼인기간 중 형성된 채무라면, 일단 부부 공동채무로 간주됩니다. 이때 아내 B씨가 살아있으므로 A의 채무는 B씨에게 남겨지게 됩니다. 설사 A에게 채무가 있었음을 B가 몰랐다고 할지라도 B에게 채무에 대한 변제의무가 생깁니다.

하지만, 캘리포니아에서 채권자가 피상속인을 상대로 Creditor's Claim(채권자 소송)의 소멸시효는 고인의 사망 후 1년입니다. 해당 채권자는 A의 사망 후 1년 뒤에 채권자로 나타난 셈이므로 다른 예외적인 상황이 아닌 이상, 해당 채권자 소송을 상속법원에서 인정하지 않을 가능성이 큽니다.

참고로 채무를 변제할 때에는 우선 순위가 있습니다. ① 미국 연방정부나 캘리포니아 주정부에 대한 채무, ② 상속집행과정에서 발생된 제반 비용, ③ 담보대출 융자, ④ 장례비용, ⑤ 피상속인의 병으로 인해 발생한 의료비용, ⑥ 가족들에게 제공하던 생활비 등, ⑦ 고용관련 클레임 비용, ⑧ 신용카드 관련 채무 등의 순서로 변제가 되어야 합니다.

09 유언으로부터 누락된 상속인

A는 30년간 혼인생활을 유지하다가 사별한 아내 B와의 사이에 아들 C를 두었습니다. A는 재혼을 하기 전에 유언장을 작성했습니다. 그 내용은 자신의 전 재산을 아들 C에게 모두 준다는 것이었습니다. 그 후 A는 X녀와 재혼을 하였습니다. A는 X와의 사이에서 딸 Y를 낳았는데, 불과 5년 정도 혼인생활을 하다가 갑자기 심근경색으로 사망했습니다. A는 사망당시 20억원 상당의 아파트와 8억원 상당의 현금성 자산을 남겼습니다. X와 Y는 A가 재혼하기 전에 유언을 한 것에 대해 이의를 제기할 수 있을까요? 이의를 제기할 수 없다면 어떠한 권리를 주장할 수 있을까요?

▶▶▶ 한국법

만약 A의 유언이 유효하다면 A의 전 재산은 C가 모두 가져가게 됩니다. 이에 대해 X와 Y는 자신들이 존재하기 전에 작성된 유언장은 추정상속인(피상속인이 사망하면 상속인이 될 수 있는

지위에 있는 자)을 배제한 채 이루어진 것이어서 효력이 없다고 주장할 수 있을까요? 한국에서 유언이 무효가 되기 위해서는 유언이 형식요건을 갖추지 못했거나(제1060조), 유언자가 유언당시 유언능력이 없었어야 합니다(제1063조). 아니면 착오, 사기, 강박에 의해 유언을 한 경우에 그 유언을 취소할 수 있습니다(실제로는 유언자가 사망한 이후에 유언자의 취소권을 상속인이 상속받아서 그 상속인이 취소를 하게 될 것입니다).

미국에서는 유언장 작성 이후에 태어난 자녀를 보호하기 위해 Omitted Heirs(누락된 상속인제도)를 두고 있습니다. 이에 따르면 유언장이 작성된 이후에 태어난 자녀에 대해서는 유언이 없는 것으로 취급하여 무유언상속법에 따라 상속을 받을 수 있도록 하고 있습니다. 그리고 미국 Uniform Probate Code(통일상속법)에서는 누락이 의도적이라는 점이 유언장에 분명한 경우를 제외하고 유언장 작성 이후에 혼인한 배우자도 무유언상속법에 따라 상속분을 주장할 수 있습니다. 그러나 한국에서는 어떤 상속인이 유언장 작성 이후에 태어나거나 혼인을 하였다는 사정이 유언의 효력에 영향을 주지 않습니다. 따라서 X와 Y는 A의 유언을 무효로 하고 자신들의 법정상속분을 주장할 수는 없습니다.

그렇다면 X와 Y는 유류분반환청구를 할 수 있을까요? 유류분권을 주장하기 위해서는 유언장을 작성할 당시에 추정상속인이 존재해야만 한다는 견해와, 반드시 유언장 작성시에 존재할 필요는 없고 유언자가 사망할 때 존재하면 충분하다는 견해가 있습니다. 전자의 견해에 의할 경우 A가 유언장을 작성할 당시에는 X가

A의 배우자도 아니었고 Y는 태어나지도 않았으므로 추정상속인의 지위에 있지 않아서 X와 Y는 유류분권을 주장할 수 없습니다. 반면 후자의 견해에 의할 경우 A가 사망할 당시에 X는 이미 배우자의 지위에 있었고 Y는 자녀의 지위에 있었으므로 X와 Y는 유류분권을 주장할 수 있게 됩니다. 한국 민법은 유류분 권리자가 되기 위한 요건을 피상속인의 직계비속과 배우자라고만 규정하고 있을 뿐(제1112조) 그러한 지위의 취득 시점을 제한하고 있지 않습니다. 따라서 후자의 견해가 타당하다고 생각합니다.

이처럼 X와 Y가 유류분 권리자가 될 수 있다고 한다면, 그들이 청구할 수 있는 유류분 가액은 다음과 같습니다. 일단 A가 유언장을 작성하지 않았다면 총 상속재산 28억원 중 X의 상속분은 12억원(28억원×3/7)이고 A의 자녀들인 C와 Y의 상속분은 각각 8억원씩(28억원×2/7)이 됩니다. 그렇다면 X의 유류분은 그 중 1/2인 6억원이고, Y의 유류분은 4억원입니다. 따라서 C가 A의 유언장에 기해서 A의 재산을 모두 취득할 경우, X와 Y는 C에 대해 각각 6억원과 4억원의 유류분반환을 청구할 수 있을 것입니다.

▶▶▶ 캘리포니아주법

캘리포니아 상속법에서는 누락된 상속인들의 상속권을 보호하는 조항이 있습니다. 피상속인이 유언장이나 트러스트를 만든 후에 결혼한 배우자, 그리고 그 후에 태어난 자녀 혹은 유언장이나 트러스트 작성당시 사망했다고 믿었으나 살아 있었던 자녀를 일컫습니다.

누락된 배우자가 여전히 상속에서 제외되는 경우는 ① 피상속인이 본인의 유언장 혹은 생전신탁을 통해 해당 배우자를 의도적으로 누락한 경우, ② 피상속인이 유언장이나 생전신탁을 통하지 않고도 해당 배우자에게 상응하는 재산을 제공한 경우 그리고 제공된 재산의 금액 크기 혹은 피상속인이 기재한 내용으로 보아 피상속인이 해당 배우자에게 제공한 재산이 상속을 대체한다는 의도가 보일 때, ③ 해당 상속인이 피상속인의 재산에서 본인이 받아야 할 상속지분을 포기한다는 적법한 서약·계약 문서를 남겼을 때입니다.

누락된 자녀가 여전히 상속에서 제외되는 경우는 ① 피상속인이 본인의 유언장 혹은 생전신탁을 통해 해당 자녀를 의도적으로 누락한 경우, ② 피상속인이 본인의 대부분의 재산을 유언장과 생전신탁에서 누락된 자녀의 부모에게 상속받게 한 경우, ③ 피상속인이 유언장이나 생전신탁을 통하지 않고도 해당 자녀에게 상응하는 재산을 제공한 경우 그리고 제공된 재산의 금액 크기 혹은 피상속인이 기재한 내용으로 보아 피상속인이 해당 자녀에게 제공한 재산이 상속을 대체한다는 의도가 보일 때입니다.

C가 유언장대로 본인이 다 상속받기 위해서는 앞서 언급한 누락된 배우자·자녀가 상속을 여전히 받지 못하는 "예외조항"에 부합하는 상황이 하나라도 있는지 열심히 찾아봐야 할 것입니다.

반면 누락된 배우자인 X와 누락된 자녀인 Y는 위의 예외사항만 아니라면 피상속인의 재산을 상속받을 수 있습니다. A가 재혼을 한 후 해당 재산을 형성했고 본인의 노동력 혹은 배우자인 X의 노동력을 기반으로 재산이 형성되었다면, 공동재산으로 분류되어 배우자인 X가 1순위 상속인이 됩니다. 그러나 A가 첫번째 부인인 B와의 혼인 기간에 비해 X와의 재혼기간이 상대적으로 짧았으므로, A가 남긴 재산은 A의 Separate Property(개인재산)로 인정될 가능성이 큽니다. 이때 누락된 배우자 X는 A의 개인재산의 1/3에 대한 상속권이 있고, 누락된 자녀인 Y 또한 A의 개인재산의 1/3에 대한 상속권이 있습니다.

A가 남긴 재산이 본인의 개인재산적 요소와 X와의 공동재산적 요소가 섞여 있을 수도 있습니다. 예를 들어, 재혼 당시 A명의의 부동산이 10억원이었는데, 재혼 이후로 A가 일을 하거나 X가 일을 해서 해당 부동산의 융자금액을 상환했거나, 재산세를 냈거나 혹은 부동산의 관리운영비를 지불한 경우라면 재혼 당시 10억원은 A의 개인재산이고 재혼 이후 늘어난 10억원은 공동재산이므로, 늘어난 10억원의 절반인 5억원은 Y의 몫인 셈입니다. 실제로 재혼한 부부들 사례에서 많이 보이는 재산의 양상입니다. 그러나 현실에서는 재혼시점의 부동산의 가격 혹은 현금자산 보유현황을 정확히 파악치 않고 재혼을 하는 경우가 더 많아서, 상속법원에서 피상속인의 재산에서 몇 %가 개인재산이고 몇 %가 공동재산인지 판가름하는 데 많은 공방이 벌어지는 게 다반사입니다.

10 / 유류분

시골에서 농지를 소유하며 농사를 짓던 A에게는 장남 B와 차남 C가 있었습니다. 아내는 아들 둘을 낳은 후 사망하였고, A는 재혼을 하지는 않았습니다. B는 공부를 잘해서 서울로 대학을 보냈고, C는 시골에 남아서 A를 도와 농사를 지었습니다. B는 대학졸업 후 직장을 다니다가 사업을 하겠다며 A에게 사업자금을 지원해달라고 요청했습니다. 이에 A는 1989년경 농지의 절반을 팔아서 당시 약 1억원의 현금을 B에게 증여하였습니다. 그러자 C가 A에게 자신에게도 그에 상응하는 재산을 증여해달라고 요청해서, A는 남은 농지 절반을 C에게 증여해 주었습니다. 그런데 B는 A로부터 받은 사업자금을 모두 탕진했고, C는 A로부터 받은 농지를 그대로 보유하고 있었는데, 그 농지를 포함한 주변 일대가 개발구역으로 편입되면서 2020년 6월경 수용보상금으로 약 30억원이 나왔습니다. A는 2022년 11월경 사망하였는데, 상속개시 시에 A 명의로 된 상속재산과 상속채무가 전혀 없을 경우 B는 C에게 유류분을 청구할 수 있을까요? (B가 A로부터 1989년에 증여받은 현금 1억원을 상속개시 시의 화폐가치로 환산하면 3억원)

▶▶▶ 한국법

피상속인(위 사안에서 A)의 증여나 유증으로 인하여 자신의 유류분이 침해된 상속인은 부족한 한도 내에서 그 반환을 청구할 수 있습니다(민법 제1115조). 피상속인의 자녀(B와 C)의 유류분은 법정상속분의 1/2입니다. 한편 유류분산정의 기초가 되는 재산은, [상속개시 시에 피상속인이 가진 재산] + [증여재산] - [상속채무]이다. 그런데 중요한 것은 유류분산정의 기초가 되는 증여재산의 가액산정시기가 상속개시 시라는 점입니다(대법원 1996. 2. 9. 선고 95다17885 판결). 그렇다면 위 사안에서 유류분산정의 기초가 되는 재산의 가액은 상속개시 시인 2022년을 기준으로 했을 때 총 33억원입니다(C가 받은 수용보상금 30억원 + B가 증여받은 현금의 상속개시 시 가치 3억원). 따라서 B의 유류분액은 8억 2,500만원이 됩니다(33억원×1/2×1/2). 상속개시 시를 기준으로 봤을 때 B는 이미 A로부터 3억원을 증여받은 셈이 되므로 그 부족분인 5억 2,500만원에 대하여 C에게 반환을 청구할 수 있게 됩니다.

그런데 위와 같은 결론은 C의 입장에서는 대단히 불합리하다고 생각될 수 있습니다. 증여시점인 1989년을 기준으로 보면 B나 C나 모두 동일하게 1억원 상당의 재산을 증여받았는데, 상속개시 시점에 C가 증여받은 농지의 가치가 급격히 상승했다는 이유로 B에게 유류분반환을 해주어야 한다는 것은 상식적으로도 납득이 잘 안 될 수 있습니다.

만약 위 사안에서 1989년에 A가 농지를 모두 팔아서 B와 C에게 똑같이 현금 1억원을 증여했는데 C는 그 돈으로 다시 농지를 구입했고 그 농지가 상속개시 시에 30억원이 된 것이라면 어떨까요? 이 경우에는 C가 증여받은 재산은 농지가 아니라 현금 1억원이기 때문에 B는 C에게 유류분반환청구를 할 수 없습니다.

통상 현금보다 부동산이나 주식의 미래가치가 더 높다는 것을 고려했을 때, 피상속인 입장에서 어떤 특정 상속인에게 더 많은 재산이 돌아가기를 원한다면, 부동산이나 주식 그 자체를 증여하기 보다는 일단 현금을 증여한 후 그 현금으로 미래가치가 높아질 것으로 예상되는 부동산이나 주식을 구입하게 하는 것이 현명한 방법이 될 수 있습니다. 이렇게 하면 피상속인이 사망한 후에 다른 자녀가 유류분반환청구를 하더라도 증여받은 현금을 기준으로 계산을 하게 되므로 상당부분 방어가 되어 최소한으로만 반환을 해줄 수 있기 때문입니다.

10-2 / 유류분 *

* 앞의 사례를 미국의 실정에 맞
  게 각색하였습니다.

시골에서 농지를 소유하며 농사를 짓던 A에게는 장남 B와 차남 C가 있었습니다. 아내는 아들 둘을 낳은 후 사망하였고, A는 재혼을 하지는 않았습니다. B는 공부를 잘해서 도시로 대학을 보냈고, C는 시골에 남아서 A를 도와 농사를 지었습니다. B는 대학졸업 후 직장을 다니다가 사업을 하겠다며 A에게 사업자금을 지원해달라고 요청했습니다. 이에 A는 1989년경 농지의 절반을 팔아서 당시 약 8만 달러 상당의 현금을 B에게 증여하였습니다. 그러자 C가 A에게 자신에게도 그에 상응하는 재산을 증여해달라고 요청해서, A는 남은 농지 절반을 C에게 증여해 주었습니다. 그런데 B는 A로부터 받은 사업자금을 모두 탕진했고, C는 A로부터 받은 농지를 그대로 보유하고 있었는데, 그 농지를 포함한 주변 일대가 개발구역으로 편입되면서 2020년 6월경 수용보상금으로 약 240만 달러가 나왔습니다. A는 2022년 11월경 사망하였는데, 상속개시 시에 A 명의로 된 상속재산과 상속채무가 전혀 없을 경우 B가 C에게 받을 수 있는게 있을까요? (B가 A로부터 1989년에 증여받은 현금 8만 달러를 상속개시 시의 화폐가치로 환산하면 24만 달러)

▶▶▶ 캘리포니아주법

캘리포니아 상속법에는 유류분 조항이 없습니다.

오히려 B는 C가 받은 농지 증여를 무효화하는 소송을 진행할 가능성이 큽니다. 이때 가장 많이 쓰는 청구의 원인은 ① 증여자가 증여를 할 수 있는 의사능력이 없었음, 혹은 ② 수증자가 Undue Influence(부당한 영향력)를 행사했음(요즘 흔히 거론되는 "가스라이팅"과 유사함)과 같은 것입니다. 다만 이 사건의 경우에는 C가 증여를 받은 시점에 B도 증여를 받았으므로 A의 의사능력을 문제삼기는 어려울 것이고, 결국 B는 부당한 영향력 행사를 근간으로 소송을 할 가능성이 큽니다.

부당한 영향력 행사를 주장하기 위해서는 ① 피상속인 혹은 증여자가 부당한 영향력에 취약할 수 밖에 없는 상황이었고, ② 부당한 영향력을 행사한 사람의 권위, ③ 그로 인한 불공평한 결과를 입증해야 합니다.

그러나 A가 C에게 행한 농지 증여를 되돌리기 위해 B가 소송을 진행한다고 하더라도 증여한 후 시간이 한참 흐른 후인데다가(부당한 영향력을 주장할 수 있는 소멸시효는 3년입니다), B에게 현금을 증여한 시점과 C에게 농지를 증여한 시기도 비슷하고(C가 특별히 B보다 더 많은 권리행사를 하지 않은 점), 증여당시 C가 증여받은 농지의 금액이 B가 증여받은 현금과 비슷하므로(불공평한 증여가 아니였음) 결국 B의 승소가능성은 없어 보입니다.

11 / 성년후견

?

80대의 자산가 A씨는 아내 B씨와의 사이에 아들 C와 딸 D를 두었습니다. 아내와는 10년 전에 사별했고, 현재는 아들 내외와 함께 살고 있습니다. 그런데 A씨는 5년 전에 치매진단을 받았고 그 후로 점차 상태가 악화되어 인지능력이 많이 떨어지게 되었습니다. 그리고 이로 인해 본인 스스로 정상적인 의사결정을 하기가 상당히 어려운 상황이 되었습니다. 그러자 아들 C는 이러한 아버지의 상태를 이용하여 아버지 소유의 250억원 상당의 상가건물을 증여를 원인으로 해서 자신 앞으로 이전시키고, 아버지의 예금계좌에서도 마음대로 돈을 인출하여 개인적으로 사용하기 시작했습니다. 이런 경우 딸 D는 어떻게 해야 할까요?

▶▶▶ 한국법

변호사를 찾아오는 고객들 중에는 형제 중에 한 사람이 부모님 재산을 마음대로 가져가고 처분하는 것을 막아달라고 요청하는 분들이 많습니다. 자기들도 상속인이니 상속인으로서 부모님 재산에 대해 권리가 있지 않냐는 것입니다. 그러나 부모님이 살아계시는 동안에는 부모님의 재산은 오로지 부모님만이 마음대로 처분하고 관리할 수 있습니다. 물론 부모님이 재산을 남기고 돌아가시면 자식들이 상속인이 되어 그 재산에 대해 권리를 가지지만, 이러한 상속권은 어디까지나 부모님이 돌아가신 이후에나 생기는 권리인 것이지, 부모님 살아생전에 행사할 수 있는 권리가 아닙니다. 따라서 부모님이 원하셔서 본인의 의사에 따라 재산을 누군가에게 주는 것이라면, 설사 자식이라 하더라도 이것을 막을 수는 없습니다. 나중에 부모님이 돌아가시고 나면 부모님으로부터 생전에 재산을 증여받은 사람을 상대로 유류분반환을 청구할 수 있을 뿐입니다.

"
피후견인 :
후견을 받아야 할 부모
"

그런데 부모님이 노령으로 인해 재산 처분과 같은 중대한 법률행위를 하시기에 어려운 상황인 경우에는 얘기가 다릅니다. 주변의 누군가가 부모님이 치매에 걸린 상태임을 악용해서 부모님의 재산을 빼돌리는 것은 막아야 할 필요가 있습니다. 이것은 부모님의 진정한 의사에 따른 처분이 아니기 때문입니다. 이런 경우에 취할 수 있는 법적 조치가 바로 성년후견입니다. 질병, 장애, 노령 등의 사유로 인한 정신적 제약으로 사무를 처리할 능력이 지속적으로 결여된 사람을 위해 후견인을 선임해 주는 제도를 성년후견이라 합니다. 성년후견은 피후견인(후견을 받아야 할 부모)의 주소지 가정법원에 청구하는 것인데, 본인, 배우자, 4촌 이내의 친족(친족에는 인척도 포함되기 때문에 사위나 며느리도 청구 가능) 등이 청구할 수 있습니다.

"
감정의 :
피후견인의 상태를
확인하는 의사
"

이렇게 성년후견개시신청을 하게 되면, 가정법원에서 후견개시가 필요한 상황인지 확인하는 절차를 거치게 됩니다. 신청인이 피후견인의 정신건강상태에 관한 의사의 진단서나 소견서를 법원에 제출하지만, 법원에서는 그 자료만 가지고 판단을 하지는 않습니다. 보통 법원에서 선임하는 감정의(피후견인의 상태를 확인하는 의사)를 통한 신체 (정신)감정을 받도록 합니다. 그리고 피후견인을 직접 법원에 출석하도록 해서 판사가 피후견인의 상태를 확인하는 절차도 밟습니다.

누가 성년후견인이 되는지에 관해서 궁금해하시는 분들이 많은데, 가족들 간에 합의가 된 경우에는 그 합의된 사람을 후견인으로 선임해주는 것이 보통입니다. 그러나 가족들 간에 합의가 되지 않는 경우에는 변호사나 법무사와 같은 전문가 후견인을 선임하는 것이 일반적입니다. 이렇게 성년후견인이 선임되고 나면 그 후견인은 피후견인의 신상을 보호하고 재산을 관리할 권한과 의무를 가지게 됩니다. 따라서 성년후견인은 피후견인의 재산을 관리하고 그 재산에 관한 법률행위에 대하여 피후견인을 대리합니다.

결론적으로 이 사건의 경우 딸 D는 아버지 A씨에 대한 성년후견개시청구를 해서 A씨를 위한 후견인을 선임하도록 하는 것이 해결책이 될 수 있습니다. 이렇게 후견인이 선임되고 나면 아들 C는 마음대로 A씨의 재산을 가져갈 수 없게 되기 때문입니다. 그리고 이미 아들 C가 가져간 상가건물에 대해서는 선임된 후견인이 증여무효를 원인으로 하는 소유권말소청구를 할 수 있습니다.

▶▶▶ 캘리포니아주법

아들 C가 아버지의 온전치 못한 정신·신체적 상태를 이용하여 아버지 자산을 자신에게 이전시키기 위해서는 우선 아버지로 하여금 재정에 관한 위임장에 서명을 시켰을 가능성이 큽니다. 이때 온전치 못한 정신의 아버지에게 재정에 관한 위임장에 서명을 시켰고 그 위임장을 통해 아버지의 부동산을 아들 C의 이름으로 명의이전을 했다면, 아들은 아버지에게 "Undue Influence(부당한 영향력)"를 행사하여 재정적인 이득을 취한 셈입니다. 이 상황은 캘리포니아주법에서는 부당한 영향력을 통한 재정적인 "노인학대"가 될 수 있습니다.

캘리포니아주법상 재정에 관한 Elder Abuse(노인학대)에서 부당한 영향력 행사를 입증하기 위해서는 ① 피해자가 (학대에) 취약한 상황, ② 가해자가 피해자에게 행사할 수 있는 Authority(권한), ③ 가해자가 행한 행동과 술책, 그리고 ④ 불공정한 결과를 입증해야 합니다. 따라서 이 사건에서 딸 D는 ① 아버지가 치매 진단을 받은 학대에 취약한 상황이며, ② 아들이 같이 살고 있는 아버지에게 행사할 수 있는 Authority(권한)이 있었고, ③ 아버지의 재산을 본인이 증여받은 것처럼 명의이전을 하였으며, ④ 아들이 아버지의 재산을 취득함으로써 아버지에게 불공정한 결과를 낳았음을 입증해야 합니다.

> 베이비부머 세대의 은퇴와 전반적인 평균수명 연장과 함께 미국에서도 크게 대두되고 있는 사회적 이슈가 성년후견제도입니다.

딸 D는 성년후견제도를 통해 아버지의 성년후견인이 될 수 있습니다. 베이비부머 세대의 은퇴와 전반적인 평균수명 연장과 함께 미국에서도 크게 대두되고 있는 사회적 이슈가 성년후견제도입니다. 성년후견은 정신적으로 혹은 육체적으로 혼자서 생활할 수 없는 성인을 대신해서 의료·생활권 혹은 재정적인 부분을 결정해줄 법적 보호자를 설정하는 제도를 말합니다. 법원에 성년후견을 신청하고 피후견인의 보호자로 선임되는데, 법원에서는 ① 피후견인이 신체적으로 또는 정신적으로 정말 보호를 받아야 할 상황인지, ② 성년후견인이 피후견인의 보호를 맡기에 적합한 자인지 그리고 ③ 피후견인의 어떤 권리를 대신해서 결정할지를 결정하게 됩니다. 성년후견인은 크게 두 가지가 있습니다. 첫째, 의료권과 생활권만 결정해 주는 성년후견인은 Limited Conservatorship(제한적 성년후견인)이라고 부릅니다. 재산이 없는 성인을 보호하기 위해서 많이 쓰이는 방법이며, 장애를 가진 성인 자녀를 대신해서 부모가 자녀의 의료·생활권에 대한 결정을 대신해주기 위해서도 제한적 성년후견인 절차를 거칩니다. 둘째, 의료·생활권 뿐 아니라 재정에 대한 결정까지 모두 담당하게 될 때는 일반적 Limited Conservatorship(성년후견인)이 됩니다.

캘리포니아에서는 대부분 가족들 간의 합의를 통해 후견인을 선임하는 경우가 많습니다. 그런데 질문에 있는 사례에서는 아들과 딸이 누가 성년후견인으로 지정될지 합의에 이르기 쉽지 않을 것입니다. 더 나아가 서로 성년후견인이 되기 위해 법정 공방이 생길수도 있는 상황입니다. 이때 딸은 아들이 아버지의 성년후견인이 되었을 때 불공정한 상황 발생이 예상되는 바, 본인이 아버지의 성년후견인이 되어야 한다는 주장을 뒷받침할 자료들을 제출하여 본 사건을 해결해 나가야 합니다.

캘리포니아에서 성년후견인을 설정하기 위해서는 많은 서류를 법원에 제출해야 합니다. 이중 가장 필수적인 서류는 피후견인의 현재 정신·신체적 상태를 알려주는 의사의 진단서입니다. 이때 많이 오해하는 것이 피후견인의 주치의만 해당 진단서를 쓸 수 있다고 생각하는 데 그렇지 않습니다. 주치의가 아니더라도 의사 면허가 있거나 혹은 심리학자(환자의 정신 상태에 대해 판단을 할수 있는 라이센스가 있는 전문가)라면 피후견인에 대한 소견서를 법원에 제출할 수 있는 자격이 됩니다. 따라서 딸은 아버지의 성년후견인으로 선임되기 위해, 아버지의 치매진단 서류부터 여러가지 서류를 꼼꼼히 준비해야 합니다.

성년후견인이 정말 필요한 사항이었는지를 확인하기 위해, 캘리포니아 법원에서는 Private Investigator(가사조사원)를 고용합니다. 이때 Private Investigator(가사조사원)는 정말 피후견인이 후견인을 필요로 하는 상황인지 그리고 후견인이 혹시 피후견인을 정신적·신체적으로 학대하고 있지는 않은지를 확인합니다. 또한 법원에서 Probate Voluntary Panel(국선대리인)을 피후견인의 법적대리인으로 지정해서, 피후견인의 권리가 후견인에 의해 무단으로 침해당하고 있지 않은지를 확인합니다. Probate Voluntary Panel(국선대리인)은 주로 현직에 있는 변호사들이 법원에서 지불하는 일정한 비용을 받고 해당 케이스를 맡게 됩니다.

12 / Trustee (수탁자) 해임

남편과 아내 그리고 아들과 딸이 있는 가정에서, 부부가 Living Trust(리빙 트러스트)를 만들고 차례로 사망했습니다. 해당 신탁에 따르면 Trustor(위탁자, 남편과 아내) 사후, 아들과 딸이 재산을 각 50%씩 상속받게 되어있으며, 아들이 상속집행자, 즉 Successor Trustee(승계수탁자)로 설정이 되어있습니다. 부모가 모두 사망한 후, 아들은 계속 차일피일 상속집행을 미루고 신탁에 재산이 얼마나 남아 있는지조차 알려주지 않고 있습니다. 수탁자인 아들의 배임을 의심하고 있는 딸은 어떤 법적 조치를 취할 수 있을까요?

▶▶▶ 한국법

우선 수탁자의 해임을 고려해 볼 수 있습니다. 우선 위탁자와 수익자는 합의하여 또는 위탁자가 없으면 수익자 단독으로 언제든지 수탁자를 해임할 수 있습니다. 다만, 신탁행위로 달리 정한 경우에는 그에 따라야 합니다(신탁법 제16조 제1항). 그런데 위사례에서는 딸뿐 아니라 아들도 수익자 중 한 사람이므로 딸 혼자서 수탁자를 마음대로 해임하기는 어려울 것입니다.

그러나 수탁자가 그 임무에 위반된 행위를 하거나 그 밖에 중요한 사유가 있는 경우 위탁자나 수익자는 법원에 수탁자의 해임을 청구할 수 있습니다(신탁법 제16조 제3항). 수탁자의 임무위반행위 중 대표적인 것으로는 이익상반행위(이익충돌행위)를 하거나, 이익향수 금지의무에 위반하여 자기거래를 하거나, 공평의무에 위반하여 수익자를 차별하거나, 분별관리의무를 위반하여 자기 개인재산과 신탁재산을 혼용해서 사용하는 경우 등이 있습니다. 따라서 위 사례에서 딸은 수탁자인 아들의 임무위반행위를 주장하며 법원에 수탁자해임을 청구할 수 있습니다.

그리고 수탁자의 임무위반행위로 인해 신탁재산에 손해가 발생한 경우에는 수탁자에게 원상회복을 청구할 수 있습니다. 그런데 만약 원상회복이 불가능한 경우에는 그 수탁자를 상대로 손해배상청구를 할 수 있습니다(신탁법 제43조).

▶▶▶ 캘리포니아주법

우선 딸은 아들이 더 이상 수탁자로서의 권한을 행사하지 못하도록 Trustee Removal(수탁자 해임)를 법원에 신청할 수 있습니다. 실제로 법정에서 진행되는 많은 수탁자 해임은 수탁자들의 Embezzlement(배임)로 발생합니다. 수탁자의 배임으로 Beneficiary(수익자)가 손해를 입었을 때, 결국 수탁자를 상대로 소송을 해서 상속자산을 찾아와야 할 때가 많습니다. 이때 수탁자의 자격을 박탈하고, 또한 손해배상청구를 같이 진행하게 됩니다. 흔히 발생하는 수탁자의 "배임" 형태는 ① 신탁의 자산을 본인 명의로 바꿔놓는 경우, ② 개인의 용도로 신탁의 자산을 빌리는 경우, ③ 위탁자의 개인자산(예를 들어 보석류 등 동산)을 훔쳐가는 경우, ④ 신탁의 자산을 타인에게 빌려주는 경우, ⑤ 수탁자 개인의 재산과 신탁의 재산을 혼용해서 쓰는 경우, ⑥ 신탁재산을 판매 후 판매대

금을 분배하지 않고 본인이 가져가는 경우, ⑦ 신탁의 계좌로부터 돈을 훔치는 경우 등 여러 가지가 있습니다.

따라서 딸은 아들의 배임이 의심되면 우선 신탁재산에 대한 정확한 내역을 수탁자인 아들에게 서면으로 요구하고, 서면 요구 후 60일 이내에 정확한 내역을 받지 못하거나 아무런 내역도 받지 못한다면 수탁자 해임을 법원에 신청할 수 있습니다.

수탁자 해임의 근거는 배임에만 국한되지 않습니다. 캘리포니아 상속법에 따르면 수탁자는 아래의 사유로 해임될 수 있습니다. ① 신탁의 내용을 충실히 이행하지 않은 경우, ② 신탁의 재정이 바닥난 경우, ③ 수탁자로서 역활을 수행하기에 결격사유가 있는 경우, ④ 공동 수탁자에게 협조를 하지 않거나 적대적인 경우, ⑤ 수탁자로서의 임무수행에 실패하거나 거부하는 경우, ⑥ 과도한 금액을 본인의 수임료로 청구한 경우, ⑦ 신탁의 재산을 제대로 관리하지 못한 경우, 혹은 ⑧ 수익자로부터 이득을 취한 경우 등입니다.

수익자가 육체적·정신적 장애로 지적·인지능력이 현저히 낮다면 더욱 수탁자 선정을 주의해서 해야 합니다. 예를 들어 장애자녀를 위해 Special Needs Trust(특별수요신탁)를 만들고 자녀의 상속재산을 케어해 줄 승계수탁자를 부모의 친척으로 정한 경우, 그 친척이 상속자산을 본인의 개인용도로 쓰는 것을 막기도 힘들며 손해배상청구를 하기도 힘든 경우가 많습니다. 개인용도로 쓰는 것을 확인하는 절차도 힘들고, 자녀가 직접 손해배상청구를 하지 못하기에 대리인 설정까지 행정적인 절차가 더 많이 추가되기 때문입니다.

　따라서 수탁자 설정시 믿을만한 개인을 찾지 못한다면 Bond (공탁금) 설정이 잘 되어있고 전문 수탁서비스를 제공하는 회사를 찾아야 합니다. Professional Fiduciary(전문수탁자)를 수탁자로 고용하는 일도 많습니다. (전문수탁자는 주로 장애인, 노인 혹은 미성년자의 행정처리를 대신하는 이들을 주로 일컫습니다. 주로 변호사와 회계사는 곧바로 전문수탁자로서의 업무를 수행할 수 있으나, 일반인들은 해당주 당국에서 자격증을 취득해야 합니다.)

한국과 미국의 상속 · 증여, 차이를 알면 답이 보인다

CHAPTER IV

한국과 미국의
상속세와 증여세

미국과 일본은 상속세와 증여세에 관한 조세 Treaty(조약)를 맺고 있습니다. 조세 조약이 있기 때문에 이중 과세가 금지되어 동일한 재산에 대해 두 나라에서 동시에 과세되지 않으며, 일본에서 납부한 세금을 미국에서 공제받을 수 있는 명확한 규정이 있어 납세자가 어떤 세금을 어디에 납부해야 하는지 명확하게 알 수 있습니다.

반면에 아래 표에서 볼 수 있듯이, 미국과 한국은 상속세와 증여세에 관한 조세 Treaty(조약)이 없습니다. 미국과 한국에서 각각 상속세나 증여세를 납부해야 하는 이중 과세의 가능성이 있습니다. 즉, 동일한 재산에 대해 두 번 과세될 가능성이 있습니다. 외국납세 공제를 받을 수 있는 경우가 있긴 하나, 제한적입니다.

따라서, 상속과 증여 관련 세금 문제를 처리할 때, 각 나라의 세법과 조세 조약의 규정을 잘 이해하고, 필요한 경우 국제 조세 전문가의 도움을 받는 것이 중요합니다.

> **본서에서 설명하고 있는 Tax 관련 사항은 소득세보다는 증여세·상속세에 초점을 맞춰 설명하고 있습니다.**

본서에서 제공하는 내용은 일반적인 정보전달이 목적이므로 법적 조언 및 투자 조언으로 사용될 수 없으며 독자가 내리는 투자 및 기타 결정에 대해서 책임지지 않습니다. 또한, 본서에서 설명하고 있는 Tax 관련 사항은 소득세보다는 증여세·상속세에 초점을 맞춰 설명하고 있습니다. 본서의 정보 이해시 유의하시기 바랍니다.

미국 상속·증여세 관련 조세 조약 주요국가 현황(2024년 기준)

Country	Estate or Gift Tax Treaty
Australia	Estate & Gift
Austria	Estate & Gift
Canada	Estate *
Denmark	Estate & Gift
Finland	Estate
France	Estate & Gift
Germany	Estate & Gift
Greece	Estate
Ireland	Estate
Italy	Estate
Japan	Estate & Gift
Netherlands	Estate
South Africa	Estate
Switzerland	Estate
United Kingdom	Estate & Gift

* Estate는 상속세, Gift는 증여세를 의미합니다.

* The estate tax provisions are located in Article XXIX B of the United States – Canada Income Tax Treaty.

** Estate & gift tax treaties (International) | Internal Revenue Service (www.irs.gov)

I 증여세 과세

01 한국의 증여세

• 한국 과세의 기준 : 한국 세법에서는 국적은 중요하지 않고, 거주 여부가 과세 기준입니다. 즉 한국 거주자인지 아니면 비거주자인지에 따라서 한국 세법이 달리 적용됩니다.

• 한국 거주자 정의 : 1년에 183일 이상 한국에 살거나 한국에 주소를 둔 사람을 말합니다. 한국에 주소를 두었는지 여부는 재산, 가족, 직업, 소득 등 종합적인 상황을 고려하여 구체적으로 판단합니다. 따라서 설사 한국에서 183일 이상 거주하지 않았더라도, 주거용 부동산 등 주요 재산이 한국에 있거나, 가족이 한국에 살거나, 한국에서 주된 소득을 얻는 직업이 있는 경우에는 여러 가지 상황을 종합적으로 고려해서 한국 거주자로 볼 수도 있다는 점을 유의하여야 합니다.

• 한국에서는 수증자가 증여세의 납세의무가 있습니다. 수증자가 한국 거주자일 경우 전 세계 증여재산에 대하여 증여세가 부과됩니다.

- 수증자가 비거주자일 경우 한국 소재 재산에 한해서 한국에 납세의무가 있습니다. 한국에 있는 재산이라면 그 재산이 부동산이든 동산이든, 유형자산이든 무형자산이든 구분하지 않습니다.

- 그런데 한국에서는 증여자가 한국 거주자인지 등도 고려하여 과세 권한을 늘리고 있습니다. 즉 **한국 거주자가 비거주자에게 외국 재산을 증여한 경우에도 증여세를 부과하는 규정을 신설**하였는데, 이 때는 수증자가 아닌 증여자에게 납세의무를 부과하였습니다. 다만 수증자가 증여자의 특수관계인(부부, 자녀 등)이 아니고 미국에서 증여세가 부과된 경우에는 한국에서 증여세가 면제됩니다.

- 거주자일 때의 장점 : 한국 거주자로 판정받을 경우에는 여러 가지 공제혜택을 받을 수 있습니다. 즉 증여세의 경우 배우자는 6억원까지, 자녀는 각각 5천만원까지 공제를 받을 수 있는데, 이러한 공제혜택은 10년 단위로 리셋이 됩니다. 따라서 증여를 하면서 공제혜택을 받았더라도 10년이 지나면 다시 공제혜택을 받으면서 증여를 할 수 있습니다.

- 비거주자일 때의 장점 : 증여의 경우에 증여자와 수증자가 모두 비거주자가 된 후 외국에 있는 재산(한국에 있던 재산을 외국으로 옮긴 경우에도 마찬가지)을 증여하면 한국에 증여세를 낼 필요가 없습니다.

02 미국의 증여세

• 미국 증여세 과세의 기준 : 미국의 경우에는 증여자에게 증여세가 과세되며, 증여자가 미국 시민권자 또는 미국 증여세법상 U.S. Domiciliary(미국 거주자)인 경우는 전 세계 증여재산에 대한 증여세 납세의무가 있습니다. 이 점이 한국법과 큰 차이가 있는 부분입니다.*

• 미국 시민권자 또는 미국 증여세법상 미국 거주자로서의 혜택 : 미국 시민권자나 미국 증여세법상 미국 거주자는 Lifetime Gift Tax Exemption(평생 증여세 면제액) 혜택을 누릴 수 있습니다. 미국법에 따르면 일 인당 적용되는 Lifetime Gift Tax Exemption(평생 증여세 면제액)이 2024년 기준 1,361만 달러 이하이므로 증여재산이 그 한도를 넘지 않는다면, 실제 납세 의무는 없습니다.**

• 미국 증여세법상 미국 거주자가 되기 위한 기준 : 미국 증여세법상 미국 거주자는 Domicile(미국에 주소를 두고 있는 자)이며 이에 대한 기준은 한국과 유사하게 미국 거주기간, 가족 구성원의 주거지, 경제 활동 주거지, 사회적 관계 등 개인에 대한 사실관계 및 정황을 종합적으로 고려하여 판단합니다.

• 미국에서는 상속·증여세에서의 거주 개념과 소득세에서의 거주 개념이 다릅니다. 영주권자의 경우 미국에 거주하고 있지 않아

도 전 세계적으로 벌어들이는 수입에 대해 미국에서 소득세가 부과될 수 있습니다. 그러나 미국 상속 증여세법상으로는 미국에 영구적으로 거주할 의도를 가지고 있고, 미국에 실제 거주하고 있을 경우에만 증여·상속세 목적상 미국 거주자로 취급됩니다. 즉, 미국 영주권을 취득한 후에도 한국에 경제적·사회적 기반을 둔 사람이라면 미국에 영구적으로 거주할 의도를 가지고 있지 않다고 간주될 수 있으므로 Lifetime Gift Tax Exemption (평생 증여세 면제) 혜택을 누릴 수 없습니다. 그러나 Annual Gift Tax Exclusion(연간 증여세 면제) 혜택은 누릴 수 있습니다.*

* 증여자 일 인당 각 수증자에 대하여 18,000 달러(2024년 기준)입니다.

- 반면에 미국 Non-Resident Alien, 이하 "NRA"(비거주 외국인)인 경우에는 증여재산이 미국에 소재한 자산일 경우에만 증여세가 과세됩니다. 그리고 미국에 소재하는 자산일지라도 자산의 성격에 따라 U.S. Situs Assets와 U.S. Non-Situs Assets로 나누어서 전자는 증여세를 부과하고, 후자는 증여세를 부과하지 않습니다. 예컨대 부동산을 비롯한 개인 물품 등은 U.S. Situs Assets입니다. 하지만 U.S. Government and Corporate Bonds (미국 연방 채권)는 미국에 소재한 재산임에도 U.S. Non-Situs Assets로 분류되어 비거주 외국인이 증여할 시 증여세 과세 대상이 되지 않습니다.

NRA 증여세·상속세 과세 적용·비적용대상
U.S. Situs Assets v U.S. Non-Situs Assets (미국 소재 재산)

Property Type	Gift Tax		Estate Tax	
	Yes	No	Yes	No
U.S. Real Estate	X		X	
U.S. Stocks		X	X	
U.S. Government and Corporate Bonds		X		X
U.S. Partnership/LLC Interest		X	Depends	
Life Insurance Death Benefits		X		X

- 미국 NRA(비거주외국인)은 Gift Tax Exemption(평생 증여세 면제) 혜택을 누릴 수 없지만, 미국 소재 재산에 대해 Annual Gift Tax Exclusion(연간 증여세 면제) 혜택은 누릴 수 있습니다.

- Marital Deduction(배우자 무한공제) : 한국과 달리 배우자에게 증여시에 무한공제가 가능합니다. 단, 미국 시민권자인 배우자가 증여를 받는 경우에만 이러한 무한공제 혜택을 누릴 수 있습니다. 이는 상대 배우자인 증여자가 영주권자이거나 비거주외국인이어도 관계없이 적용됩니다. 즉, 증여 받는 이가 미국 시민권자이기만 하면 됩니다.

사망한 배우자	생존한 배우자
미국 시민권자·영주권자·미국 비거주 외국인	미국 시민권자

상속 또는 증여 받는 배우자가 시민권자일 때 **무한공제**를 받는다.

Donor(증여자)	Donee(수증자)	재산 소재지
미국 시민권자 또는 미국 거주자	미국 시민권자 또는 미국 거주자	미국

▶▶▶ 한국세법

증여자도 미국 시민권자 또는 미국 거주자이고 수증자도 미국 시민권자 또는 미국 거주자인데 미국에 있는 재산을 증여할 경우에는 한국에 납세의무가 없습니다.

▶▶▶ 미국세법

미국법은 증여자 기준이므로 증여자가 미국 시민권자 또는 미국 증여세법상 미국 거주자이면 미국에 납세의무가 있습니다. 그러나, 미국법에 따르면 일 인당 적용되는 Gift Tax Exemption(평생 증여세 면제액)이 1,361만 달러 이하까지 증여세 없이 증여 가능하므로 증여재산이 그에 해당되지 않으면 실제 납세 의무는 없습니다.

Donor(증여자)	Donee(수증자)	재산 소재지
미국 시민권자 또는 거주자	미국 시민권자 또는 미국 거주자	한국

▶▶▶ 한국세법

증여자도 미국 시민권자 또는 미국 거주자고 수증자도 미국 시민권자 또는 미국 거주자이지만, 한국에 있는 재산을 증여할 경우에는 한국에 증여세 납세의무가 있습니다.

▶▶▶ 미국세법

증여자가 미국 시민권자 또는 미국 거주자이면 전 세계 증여재산에 대한 증여세 납세의무가 있습니다. 따라서 재산소재지가 한국이더라도 미국에 증여세 납세의무가 있습니다. 그러나, 시나리오 1과 같이 일 인당 적용되는 Lifetime Gift Tax Exemption(평생 증여세 면제액)이 1,361만 달러 이하까지 증여세 없이 증여 가능하므로 증여재산이 그에 해당되지 않으면 실제 납세의무는 없습니다.

시나리오 3

Donor(증여자)	Donee(수증자)	재산 소재지
미국 시민권자 또는 미국 거주자	한국 거주자	미국

▶▶▶ 한국세법

한국에서는 수증자가 증여세의 납세의무가 있고 수증자가 한국 거주자일 경우, 전 세계 증여재산에 대하여 증여세가 부과됩니다. 그러므로 미국에 있는 재산을 증여할 경우에도 한국에 증여세 납세의무가 있습니다.

▶▶▶ 미국세법

증여자가 미국 시민권자 또는 미국 증여세법상 미국 거주자이면 전 세계 증여재산에 대한 증여세 납세의무가 있습니다. 따라서 수증자가 한국 거주자이더라도 증여자는 미국에 증여세 납세의무가 있습니다.

시나리오 4

Donor (증여자)	Donee (수증자)	재산 소재지
미국 시민권자 또는 미국 거주자	한국 거주자	한국

▶▶▶ 한국세법

한국에서는 수증자가 증여세 납세의무가 있고 수증자가 한국 거주자이므로 한국에 납세의무가 있습니다. 더구나 재산 소재지가 한국이기 때문에 당연히 한국 정부의 과세대상이 됩니다.

▶ ▶ ▶ 미국세법

증여자가 미국 시민권자 또는 미국 거주자이면 전 세계 증여재산에 대한 증여세 납세의무가 있습니다. 따라서 증여자의 한국 소재 재산을 한국 거주자인 수증자에게 증여하더라도, 증여자가 미국 시민권자 또는 미국 거주자이기에 한국 소재 재산에 대해 미국에 증여세 납세의무가 있습니다.

시나리오 5

Donor(증여자)	Donee(수증자)	재산 소재지
한국 거주자	한국 거주자	한국

▶ ▶ ▶ 한국세법

증여자도 한국 거주자이고 수증자도 한국 거주자일 뿐 아니라, 한국에 있는 재산을 증여하기 때문에 당연히 한국에 납세의무가 있습니다.

▶ ▶ ▶ 미국세법

한국 거주자인 증여자가 미국 세법상 NRA(비거주 외국인)이면, 증여자의 한국 소재 재산을 증여할 때는 미국에 납세의무가 없습니다.

한국 거주자라고 해서 무조건 미국 세법상 NRA(비거주 외국인)인 것은 아닙니다. 미국 시민권자이면서 한국 거주자일 수 있기 때문입니다. 미국 시민권자는 본인이 어디에 거주하던, 전 세계에 있는 재산에 대해 미국에 증여세 납세의무가 있다는 것을 잊으시면 안됩니다.

Donor (증여자)	Donee (수증자)	재산 소재지
한국 거주자	한국 거주자	미국

▶▶▶ 한국세법

한국에서는 수증자가 증여세 납세의무가 있고 수증자가 한국 거주자일 경우, 전 세계 증여재산에 대하여 증여세가 부과되기 때문에 한국 거주자인 수증자가 미국에 있는 재산을 증여받을 경우에는 한국에 납세의무가 있습니다.

▶▶▶ 미국세법

미국에서는 증여자가 증여세 납세의무가 있으며, 증여자가 한국 거주자이면서 미국 시민권자라면, 미국에 소재한 재산에 대해 당연히 납세의무가 있습니다.

증여자가 NRA(미국 비거주 외국인)인 경우에는 증여재산이 미국에 소재한 자산일 경우에 증여세가 과세됩니다.

미국법에서는 미국에 소재하는 자산일지라도 자산의 성격에 따라 U.S. Situs Assets와 U.S. Non-Situs Assets로 나누어서 U.S. Situs Assets에만 증여세를 부과합니다. 만약 시나리오에 있는 미국 재산이 U.S. Government and Corporate Bonds(미국 연방 채권)라면 미국에 소재한 재산임에도 불구하고 U.S. Non-Situs Assets으로 분류되기 때문에 비거주 외국인이 증여할 시 증여세 과세대상이 되지 않습니다. 그러나 미국 부동산과 같이 U.S. Situs Assets에 해당된다면 미국에서 증여세를 부과됩니다.

이 시나리오는 한국, 미국 양국에 증여세 과세대상이 될 수 있는 시나리오인데, 실제 많은 한국분들이 한국에 거주하시면서 미국에 있는 부동산을 구매하는 경우가 많습니다. 특히나 영주권을 획득한 후에도 한국에서 경제생활을 하면서, 미국 거주를 하지 않은 상태에서 부동산 증여를 진행하시는 경우가 있습니다. 앞서 이야기한 듯이 미국 영주권자가 평생증여세 면제액 혜택을 받기 위해서는 "미국 거주자"가 되어야 합니다. 따라서, 영주권자는 "미국 거주자" 조건이 충족된 후 부동산을 증여하시길 권고드립니다.

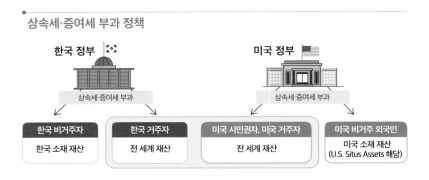

상속세·증여세 부과 정책

한국 정부		미국 정부	
상속세·증여세 부과		상속세·증여세 부과	
한국 비거주자	한국 거주자	미국 시민권자, 미국 거주자	미국 비거주 외국인
한국 소재 재산	전 세계 재산	전 세계 재산	미국 소재 재산 (U.S. Situs Assets 해당)

Donor(증여자)	Donee(수증자)	재산 소재지
한국 거주자	미국 시민권자 또는 미국 거주자	한국

▶▶▶ 한국세법

한국에서는 수증자가 증여세의 납세의무가 있는데 지금 시나리오에서 수증자가 미국 시민권자 또는 미국 거주자, 즉 한국 거주자가 아니지만 한국 소재 재산이므로 한국에 납세의무가 있습니다.

▶▶▶ 미국세법

미국 증여세는 증여자의 기준이므로 수증자가 미국 시민권자 또는 미국 거주자라고 할지라도 한국에 거주하는 미국 NRA(비거주 외국인)가 한국 소재 재산을 증여한다면 미국에 납세의무는 없습니다. 그러나 이 경우에도 한국 거주자이자 미국 시민권자가 증여한다면 미국에 납세의무가 있습니다.

시나리오 8

Donor(증여자)	Donee(수증자)	재산 소재지
한국 거주자	미국 시민권자 또는 미국 거주자	미국

▶ ▶ ▶ 한국세법

증여자는 한국 거주자인데 수증자는 미국 시민권자 또는 미국 거주자이고 미국에 있는 재산을 증여할 경우에는 원칙적으로 한국에 증여세 납세의무가 있습니다. 이 때 증여세 납세의무자는 수증자가 아니라 증여자입니다. 다만 수증자가 증여자의 특수관계인(부부, 자녀 등)이 아니고 미국에서 증여세가 부과된 경우에는 한국에서 증여세가 면제됩니다.

▶ ▶ ▶ 미국세법

미국에서는 증여자가 증여세 납세의무가 있으며, 증여자가 미국 NRA(비거주 외국인)인 경우에는 증여재산이 미국에 소재한 자산일 경우에 증여세가 과세됩니다. 미국에 소재한 증여재산이 부동산이었다면 증여세 과세대상이 될 것입니다.

만약 수증자와 증여자가 부부 관계라면, 수증자의 국적에 따라 납세여부가 달라집니다. 수증자가 미국 시민권자이면 증여자가 비거주 외국인일지라도 Marital Deduction(배우자 무한 공제)을 써서 미국에 증여세 납부의무가 없습니다.* 반면 수증자 배우자가 영주권자이면, 일년에 쓸수 있는 연간 증여면제액은 2024년도 현재 18만 5천 달러입니다.

*모든 시나리오에 적용가능

만약 수증자와 증여자가 부부 관계가 아니라면(예를 들어, 자녀인 경우), 연간 증여면제액만 쓸 수 있습니다.** 2024년도 현재 연간 증여면제액은 1만 8천 달러입니다.

**모든 시나리오에 적용가능

Donor(증여자)	Donee(수증자)	재산 소재지
한국 거주자	미국 시민권자 또는 미국 거주자	한국 → 미국

▶ ▶ ▶ 한국세법

한국에 사는 부모가 미국에 사는 자녀에게 재산을 증여하고자 하는 케이스들이 많습니다. 특히 한국에 사는 부모가 자신의 한국 계좌에 있는 돈을 자신의 미국 계좌로 보낸 후에 미국에 사는 자녀에게 그 돈을 증여하고자 하는 분들이 계신데 이런 경우에도 한국에서 증여세가 부과되는지 많이들 궁금해하십니다.

일단 한국의 자기 계좌에 있는 돈을 미국의 자기 계좌로 보내는 것 자체는 자기 돈을 자기에게 보낸 것이기 때문에 이 과정에서는 증여세가 발생하지 않습니다. 다만 그 돈을 미국에 사는 자녀에게 증여하게 되면 한국에 증여세가 발생할 수 있습니다. 그리고 이 경우 미국에서도 증여세가 부과될 수 있는데, 만약 미국에서 증여세를 납부하셨다면 그 내용을 가지고 한국에서 외국납부세액 공제신청을 할 수 있습니다.

▶ ▶ ▶ 미국세법

한국의 상속세 세율이 높고 자녀가 이미 미국에 정착하고 있는 경우, 한국에 있는 부모가 본인의 한국 계좌에 있는 돈을 본인의 미국 계좌로 송금한 후 미국에 있는 자녀에게 증여하고자 하는 분들이 늘고 있습니다.

이때 증여시 한국 정부에도 증여세를 내고 미국 정부에도 증여세를 내게 되지 않을지 염려하는 분들이 많습니다. 즉 이중과세를 염려하는 분들이 많은데, 실제로 이 상황은 한국에서도 증여자에게 과세가 가능하며 미국에서도 증여자에게 과세를 할 수 있습니다. 그리고 이중과세가 발생해서 납부했다면 한국에서 외국납부세액 공제신청을 해볼 수 있으나, 미국에서는 인정받기 쉽지 않을 수 있습니다.

이때 한국에서 미국으로 자산 이전 시 미국 내에서 증여세를 최대한 줄이도록 여러 가지 절세 방법을 고려한 후에 자산 이전을 진행해야 합니다.

앞서 말씀드린 미국 NRA(비거주 외국인)가 미국 내에서 증여하더라도 U.S. Non-Situs Asset(증여세가 나오지 않는 재산)로 증여를 해서 합법적으로 절세하는 방법도 있습니다. 그렇다고 무턱대고 한국에서 송금한 후 미국 내에서 U.S. Non-Situs Asset로 증여하는 것을 권하지는 않습니다. 여러 가지 검토해야 할 문제와 리스크가 존재하기 때문입니다. 전문가와 충분히 상담을 한 후 앞으로 미국 내에서 수증자가 증여받은 자산을 어떤 형태로 유지할 것인지 혹은 추가 증여를 하고 싶은지 등 여러 가지 사항을 충분히 검토해 보고 증여플래닝을 세울 것을 권합니다.

Ⅱ 상속세 과세

01 / 한국의 상속세

- 상속세도 증여세와 마찬가지로 거주 여부에 따라 한국세법의 적용이 달라집니다.

- 증여세는 수증자의 거주·비거주 여부에 따라 판단하는 반면, 상속세는 피상속인의 거주·비거주 여부를 기준으로 판단합니다.

- 피상속인이 한국 거주자인 경우에는 전 세계 모든 상속재산에 대하여 한국에서 상속세가 부과됩니다.

- 피상속인이 한국 비거주자인 경우에는 한국에 있는 상속재산에 대해서만 상속세가 부과됩니다.

- 피상속인이 한국 거주자인 경우에는 배우자는 30억원까지, 자녀는 자녀 수와 상관 없이 일괄하여 5억원을 공제를 받을 수 있습니다.

02 / 미국의 상속세

• 한국과 마찬가지로, 피상속인이 미국 세법상의 거주자인지 기준으로 판단합니다. 피상속인이 미국 시민권자 또는 미국 상속세법상의 거주자이라면, 피상속인의 전 세계 재산이 미국의 상속세 과세대상이 됩니다.

• 그러나 미국법에 따르면 일 인당 적용되는 Estate Tax Exemption (상속세 면제액)이 1,361만 달러 이하까지 상속세 없이 상속 가능하므로 상속재산이 그에 해당되지 않으면 의무가 없습니다.

• 미국 Non-Resident Alien, 이하 "NRA"(비거주 외국인)인 경우에는 상속 재산이 미국에 소재한 자산일 경우에 상속세가 과세됩니다. 미국법에서는 미국에 소재하는 자산일지라도 자산의 성격에 따라 U.S. Situs Assets와 U.S. Non-Situs Assets로 나누어서 전자의 경우는 상속세를 부과하고, 후자는 상속세를 부과하지 않습니다. 부동산을 비롯한 개인 물품 등은 U.S. Situs Assets이기 때문에 상속세가 부과됩니다. 하지만 U.S. Government and Corporate Bonds(미국 연방 채권)는 미국에 소재한 재산임에도 U.S. Non-Situs Assets로 분류되어 비거주 외국인이 상속할 시 상속세 과세대상이 되지 않습니다.

• 상속세가 부과된다면, 비거주 외국인인 피상속인에게 주어지는 면제액은 2024년도 현재 6만 달러에 불과합니다. 이를 초과하

"
비거주 외국인인
피상속인에게 주어지는
면제액은 2024년도
현재 6만 달러에 불과
"

는 금액에 대해서는 상속세가 금
액에 따라 40%까지 부과됩니다.

미국 시민권자/미국 거주 영주권자
Gift Tax 증여세·Estate Tax 상속세 면제 혜택
$13.61M
(1M=백만 달러)

미국 비거주자(NRA)
Estate Tax 상속세 면제 혜택
$60,000

Annual Exclusion 연간 증여세 혜택
$18,000 / 년

• Marital Deduction(배우자 무한
공제) : 한국과 달리 배우자에게 상
속시에 무한공제가 가능합니다.
단, 미국 시민권자인 배우자가 상
속을 받는 경우에만 이러한 혜택을
누릴 수 있습니다. 이는 상대 배우자인 피상속인이 영주권자이
거나 미국 NRA(비거주 외국인)이어도 관계없이 적용됩니다.

시나리오 1

피상속인	상속인	재산 소재지
미국 시민권자 또는 미국 거주자	미국 시민권자 또는 미국 거주자	미국

▶ ▶ ▶ 한국세법

한국의 상속세는 피상속인의 한국 거주·비거주 여부를 기준으
로 판단합니다. 여기에서는 피상속인이 미국 시민권자 또는 미국
거주자, 즉 한국 비거주자이고 미국에 있는 재산을 상속하기 때
문에 한국에 납세의무가 없습니다.

▶ ▶ ▶ 미국세법

모든 상황이 미국과 연결되어 있으므로 피상속인의 재산에 대

해서 미국에 상속세 납부의무가 있습니다. 그러나 미국법에 따르면 일 인당 적용되는 Estate Tax Exemption(상속세 면제액)이 1,361만 달러 이하까지 상속세 없이 상속 가능하므로 상속재산이 그에 해당되지 않으면 의무가 없습니다. 또한 상속인이 피상속인의 배우자이고 미국 시민권자이면 앞서 이야기한 Marital Deduction(배우자 무한공제)을 활용하여 상속세를 내지 않아도 됩니다.

시나리오 2

피상속인	상속인	재산 소재지
미국 시민권자 또는 미국 거주자	미국 시민권자 또는 미국 거주자	한국

▶▶▶ 한국세법

한국의 상속세는 피상속인의 한국 거주·비거주 여부를 기준으로 판단합니다. 그러나 피상속인이 미국 시민권자 또는 미국 거주자, 즉 한국 비거주자이지만, 한국에 있는 재산을 상속할 경우에는 한국에 상속세 납세의무가 있습니다.

▶▶▶ 미국세법

피상속인이 미국 시민권자 또는 미국 거주자이라면 피상속인의 전 세계 재산이 미국의 상속세 과세대상이 됩니다. 따라서 재산 소재지가 한국이더라도 미국에 상속세 납세의무가 있습니다.

피상속인	상속인	재산 소재지
미국 시민권자 또는 미국 거주자	한국 거주자	미국

▶ ▶ ▶ 한국세법

한국의 상속세는 피상속인의 한국 거주·비거주 여부로 판단하므로, 피상속인이 미국 거주자, 즉 한국 비거주자이고 미국에 있는 재산을 상속할 경우에는 한국에 상속세 납세의무가 없습니다. 이 점이 증여세와의 차이점입니다.

▶ ▶ ▶ 미국세법

피상속인이 미국 시민권자 또는 미국 거주자이고 재산 소재지가 미국이므로 미국에 상속세 납세의무가 있습니다. 다만 이 때 상속세 면제 혜택을 얼마나 받을지는 피상속인과 상속인의 관계를 살펴봐야 합니다. 만약 피상속인과 상속인이 부부 관계이고, 상속인이 한국 거주자이면서 미국 시민권자라면 Marital Deduction(배우자 무한 공제)을 통해 미국 시민권자 배우자가 상속받는 지분에 대해서 상속세가 면제됩니다. 이는 피상속인이 미국 시민권자인지 영주권자인지와 관계없이 상속인이 미국 시민권자라면 적용됩니다. 만약 피상속인과 상속인이 부부 관계가 아니라면(예를 들어, 자녀인 경우), 피상속인이 남긴 재산에서 상속세 면제액을 초과한 금액에 대해서 상속세가 발생하게 됩니다.

피상속인	상속인	재산 소재지
미국 시민권자 또는 미국 거주자	한국 거주자	한국

▶▶▶ 한국세법

한국의 상속세는 피상속인이 한국 거주자인지 여부로 판단하긴 하나, 피상속인이 미국 시민권자 또는 미국 거주자, 즉 한국 비거주자일지라도 한국 소재 재산이라면 한국에 상속세 납세의무가 있습니다.

▶▶▶ 미국세법

피상속인이 미국 시민권자 또는 미국 거주자이면 피상속인의 전 세계 재산이 미국의 상속세 과세대상이 됩니다. 따라서 피상속인의 한국 소재 재산을 한국 거주자인 상속인에게 상속하더라도, 피상속인이 미국 시민권자 혹은 미국 영주권자이면, 상속인은 미국에 상속세 납세의무가 있습니다.

만약 피상속인과 상속인이 부부 관계이고, 상속인이 한국 거주자이면서 미국 시민권자라면 Marital Deduction(배우자 무한공제)을 통해 상속세가 면제됩니다. 이는 피상속인이 미국 시민권자인지 영주권자인지와 관계없이 상속인이 미국 시민권자라면 적용됩니다. 만약 피상속인과 상속인이 부부 관계가 아니라면(예를 들어, 자녀인 경우), 피상속인이 남긴 재산에서 상속세 면제액을 초과한 금액에 대해서 상속세가 발생하게 됩니다.

시나리오 5

피상속인	상속인	재산 소재지
한국 거주자	한국 거주자	한국

▶▶▶ 한국세법

피상속인도 한국 거주자이고 한국에 있는 재산을 상속할 경우에는 당연히 한국에 납세의무가 있습니다.

▶▶▶ 미국세법

피상속인이 한국 거주자이고 미국 정부가 봤을 때 미국 비거주 외국인이면, 피상속인의 한국 소재 재산에 대해서는 미국에 상속세 납세의무가 없습니다.

시나리오 6

피상속인	상속인	재산 소재지
한국 거주자	한국 거주자	미국

▶▶▶ 한국세법

피상속인이 한국 거주자인 경우에는 전 세계 모든 상속재산에 대하여 한국에서 상속세가 부과됩니다. 그러므로 이 시나리오에서 피상속인이 한국 거주자이기 때문에 미국에 있는 재산을 상속할 경우 한국에 상속세 납세의무가 있습니다.

▶ ▶ ▶ 미국세법

미국에서는 피상속인이 미국 NRA(비거주 외국인)인 경우에는 상속재산이 미국에 소재한 자산일 경우에 상속세가 과세됩니다. 다만 미국법에서는 미국에 소재하는 자산일지라도 자산의 성격에 따라 U.S. Situs Assets와 U.S. Non-Situs Assets로 나누어서 전자의 경우는 상속세를 부과하고, 후자는 상속세를 부과하지 않습니다. 따라서 미국에 소재한 상속 재산이 부동산이라면 상속세 과세대상이 될 것입니다. 비거주 외국인인 피상속인에게 주어지는 면제액은 2024년도 현재 6만 달러에 불과하며 이를 초과시 최대 40%까지 상속세가 부과됩니다. 다만 상속인이 피상속인의 배우자이고 미국 시민권자이면 앞서 언급한 대로 Marital Deduction (배우자 무한공제)을 통해 미국 시민권자 배우자가 상속받는 지분에 대해 상속세가 면제됩니다.

시나리오 7

피상속인	상속인	재산 소재지
한국 거주자	미국 시민권자 또는 미국 거주자	한국

▶ ▶ ▶ 한국세법

피상속인이 한국 거주자이고 한국에 있는 재산을 상속할 경우에는 한국에 상속세 납세의무가 있습니다.

▶ ▶ ▶ 미국세법

상속인이 미국 거주자라고 할지라도 피상속인이 한국 거주자이고 미국 정부에서 봤을 때 미국 비거주 외국인이면, 한국 소재 재산에 대해서는 미국에 상속세 납세의무가 없습니다. 그러나 한국에 거주하는 미국 시민권자의 한국 소재 재산 상속이라면 미국 정부에서 상속세를 부과할 수 있습니다.

시나리오 8

피상속인	상속인	재산 소재지
한국 거주자	미국 시민권자 또는 미국 거주자	미국

▶ ▶ ▶ 한국세법

피상속인이 한국 거주자인 경우에는 전 세계 모든 상속재산에 대하여 한국에서 상속세가 부과됩니다. 따라서 상속인이 미국 시민권자 또는 미국 거주자일지라도, 피상속인이 한국 거주자이므로 미국에 있는 재산을 상속할 경우에도 한국에 상속세 납세의무가 있습니다.

▶ ▶ ▶ 미국세법

미국에서는 피상속인이 미국 NRA(비거주 외국인)인 경우에는 상속재산이 미국에 소재한 자산일 경우에 상속세가 과세됩니다. 다만 미국법에서는 미국에 소재하는 자산일지라도 자산의 성격에 따라 U.S. Situs Assets와 U.S. Non-Situs Assets로 나누어서 전자의 경우는 상속세를 부과하고, 후자는 상속세를 부과하지 않습니다. 따라서 미국에 소재한 상속재산이 부동산이었다면 상속세 과세대상이 될 것입니다. 비거주 외국인인 피상속자에게 주어지는 면제액은 2024년도 현재 6만 달러에 불과하며 이를 초과시 최대 40%까지 상속세가 부과됩니다. 그러나, 그 재산이 U.S. Government and Corporate Bonds(미국 연방 채권)라면 소재지는 미국이더라도 미국 상속세법상 U.S. Non-Situs Assets으로 분류되어서 미국에 상속세 납세의무가 없을 것입니다.

만약 피상속인과 상속인이 부부 관계이고, 상속인이 한국 거주자이면서 미국 시민권자라면 Marital Deduction(배우자 무한 공제)을 통해 미국 시민권자 배우자가 상속받는 지분에 대해서 상속세가 면제됩니다. 이는 피상속인이 미국 시민권자인지 영주권자인지와 관계없이 상속인이 미국 시민권자라면 적용됩니다. 그런데 만약 피상속인과 상속인이 부부 관계가 아니라면(예를 들어, 자녀인 경우), 피상속인이 남긴 재산에서 상속세 면제액을 초과한 금액에 대해서 상속세가 발생하게 됩니다. 부동산을 가지고 있다가 사망했을 경우, 상속인 자녀는 해당 부동산의 금액에서 6만 달러를 제외한 금액에 대해 상속세를 미국 국세청에 납세해야 합니다.

III 고객들을 만났을 때 많이 접하는 사례

01 / 역이민 사례 (I)

저와 아내는 미국 시민권자로서 미국에서 20년을 살았습니다. 코로나 이후 최근에 한국에 있는 가족들을 만나러 한국을 방문했는데, 한국에 형제들도 있고 살기도 좋아서 한국에서 남은 여생을 즐기고 싶습니다. 두 딸 아이가 미국 시민권자로 미국에 거주하고 있지만, 아이들은 결혼도 했고 자식들도 낳고 해서 저희 부부만 한국에 거주할 생각입니다. 미국에 부동산이 여러 채 있으며, 한국에서도 부동산을 구입할 계획입니다. 사후에 한국 정부나 미국 정부에서 상속세 대상이 될까요?

▶▶▶ 한국법

한국에서 거주자가 된 이후 사망하신다면 한국 정부에서는 미국 내 부동산에 대해서도 상속세를 부과합니다. 한국 거주자가 사망한 경우 그 사람의 전 세계 모든 상속재산에 대하여 한국에 상속세 납세의무가 있기 때문입니다. 이 때 미국에서 납부한 상속세가 있는 경우에는 한국에서 상속세를 계산할 때 외국납부세액으로 공제받을 수는 있습니다. 자녀분들이 한국 거주자 또는 비거주자인지를 불문하고 적용되며, 피상속인이 한국 거주자이기 때문에 배우자공제나 자녀공제 등 인적공제를 받을 수 있습니다. 그러나 공제를 받을 수 있다 하더라도 한국의 상속세가 전 세계에서 가장 높은 축에 드는 만큼, 역이민을 선택하셨다면 한국으로 오시기 전에 가급적 미국에 있는 재산은 직접 증여 또는 취소불가능한 신탁을 통한 증여를 하실 것을 권해드립니다.

▶▶▶미국법

한국에 계시면서 미국 시민권을 포기하게 된다면, 두 자녀가 미국 시민권자라 하더라도, 한국 내 재산에 대해서는 미국에서 상속세 납세의무가 없습니다. 다만, 한국 내에서 상속받은 재산의 가액이 10만 달러를 초과하는 경우에는 두 자녀분은 Form 3520을 작성하여 다음 해 4월 15일까지 IRS에 소득세 신고 시에 이 폼을 제출해야 합니다. 하지만 사망 시에 미국 시민권자라면, 한국 내 재산에 대해서 미국에서 상속세 납세의무가 있습니다. 미국 시민권자 및 미국 상속세법상 미국 거주자가 사망한 경우 미국에서도 전 세계 상속재산에 대하여 상속세를 부과하기 때문입니다. 이 경우 한국 내 상속재산에 대해 한국에서 납부한 상속세는 미국에서 상속세를 계산할 때 외국납부세액으로 공제받을 수 있습니다.

02 / 역이민 사례 (II)

?

그렇다면 역이민 후, 나중에 미국에 있는 딸들에게 미국 소재 부동산을 증여하는 경우 한국과 미국에서 증여세 과세는 어떻게 될까요?

▶▶▶ 한국법

증여자는 한국 거주자인데 수증자는 미국 시민권자 또는 미국 거주자이고 미국에 있는 재산을 증여할 경우에는 원칙적으로 한국에 증여세 납세의무가 있습니다. 이 때 증여세 납세의무자는 수증자가 아니라 증여자입니다. 다만 수증자가 증여자의 특수관계인(부부, 자녀 등)이 아니고 미국에서 증여세가 부과된 경우에는 한국에서 증여세가 면제됩니다.

▶▶▶ 미국법

미국의 경우 증여자가 증여세 납세의무가 있습니다. 증여자가 시민권자 또는 미국 증여세법상 미국 거주자인 경우에는 전 세계의 모든 증여재산에 대하여 증여세 보고 및 납세의무가 있습니다. 아무리 한국으로 거주지를 옮겼을 지라도 해당 증여는 미국에서 증여세 과세대상이 됩니다. 많은 경우 한국의 상속세를 피하기 위해 한국 거주 후 미국 재산을 증여하고자 하는 데 이는 잘못하면 이중과세가 될 수 있는 상황입니다. 따라서 한국 거주를 준비하고 있는 미국 시민권자 또는 영주권자들은 되도록 미리 미국 거주자로써 미국 재산을 미리 자녀에게 직접 증여 또는 취소불가능한 신탁을 통해 증여를 하고 한국 거주를 시작해야 합니다.

03 한국에 부모가 있고 자녀를 유학 보낸 경우

❓

저는 미국으로 유학을 가서 정착한 미국 시민권자입니다. 최근에 한국에 계신 아버지(미국 시민권자 아님, 한국 거주자)께서 저에게 한국에 있는 아파트를 증여하셨는데, 한국 정부나 미국 정부 어디에 증여세 납부를 해야 할까요?

▶▶▶ 한국법

한국에 있는 재산을 증여받았다면 한국 세무서에 증여세를 납부하셔야 합니다. 다만 질문자께서 미국 시민권자이지만 한국 거주자인 경우에는 인적 공제의 혜택을 받을 수 있습니다. 자녀의 경우에는 5천만원까지 공제가 됩니다.

▶▶▶미국법

미국법은 증여자 기준입니다. 증여자인 아버지가 미국 시민권자 또는 미국 증여세법상 미국 거주자가 아니시고, 재산도 미국이 아닌 한국 소재 재산이므로 미국 정부에 증여세 납세의무는 없습니다. 다만, 미국 세법상 미국인이 연간 10만 달러를 초과하여 비거주자인 외국인으로부터 재산을 증여받은 경우 다음 해 4월 15일까지 소득세 신고 시에 Form 3520을 작성하여 IRS에 제출해야 합니다.

04 한국을 떠난 이민자 – 한국에 부동산을 가지고 있는 경우

한국의 높은 상속세를 피해 미국으로 가족 이민을 준비 중에 있습니다. 한국에 아파트 한 채가 있는데, 이 집은 한국에 방문할 때마다 머물기 위해 판매를 고려하고 있지는 않습니다. 나중에 미국에서 영주권을 받으면 한국에 있는 부동산에 대해 아들이 상속세 또는 증여세를 한국·미국 어디에 내야 할까요?

▶▶▶ 한국법

한국에 있는 부동산을 상속받거나 증여받게 되면 한국에 상속세·증여세를 납부해야 합니다. 그러나 부모와 자녀가 가족 이민을 통해 모두 한국 비거주자가 되셨기 때문에 한국 이외에 소재한 재산에 대해서는 한국에 상속세나 증여세를 낼 필요가 없습니다.

▶▶▶ 미국법

미국 상속세법·증여세법상 미국 거주자가 되기 때문에 전 세계 모든 상속·증여재산에 대하여 상속세·증여세가 부과됩니다. 그러나 미국 거주자가 되면 2024년 기준 1,361만 달러에 달하는 상속세·증여세 면제 혜택을 누릴 수 있기 때문에 납세의무가 있다 하더라도 상속·증여재산이 그에 해당되지 않는다면 실제 납세 의무는 없습니다. 따라서 이민을 하시기 전에 가급적 한국에 있는 재산을 판매하시고 미국에서 자녀분들에게 증여하시는 방법을 권해 드립니다.

그리고 앞에서 말씀드렸듯이 미국 영주권만 취득하고 실제로는 한국에서 경제 활동 및 거주자로서 생활하시게 되면, 미국 시민권자나 거주자가 누릴 수 있는 상속세·증여세 면제 혜택을 누릴 수 없음을 거듭 강조합니다.

05 부모는 미국에 있고 자녀만 한국에 있는 경우

❓

두 아들을 데리고 미국에 이민 왔는데 큰 아들은 한국에서 군대를 제대하고 취업, 결혼까지 하게 되어 한국 거주자로 있고, 둘째 아들과 저희 부부는 미국 시민권을 취득하여 미국에 거주하고 있습니다. 한국에 있는 큰 아들이 결혼해서 살 집을 마련해 주고자 3억원 정도를 송금해 주려 하는데 증여세를 내야 하나요?

▶▶▶ 한국법

한국에서는 수증자를 중심으로 증여세 부과 여부를 결정합니다. 따라서 수증자인 자녀가 한국 거주자라면 그가 증여받는 재산에 대해서는 한국에 증여세를 납부해야 합니다. 다만 수증자가 한국 거주자인 경우에는 인적 공제를 받을 수 있는데, 배우자는 6억원, 자녀는 1인당 5천만원까지 증여 공제 혜택이 있습니다. 따라서 미국에 사는 부모가 한국에 사는 자녀에게 3억원을 증여하게 되면 5천만원을 공제한 나머지 2억 5천만원에 대해서 한국에 증여세를 납부하시면 됩니다.

▶▶▶ 미국법

부모가 한국에 거주하고 자녀를 유학 보내는 사례도 많지만, 반대로 자녀가 한국에 있는 사례도 점차 많아지고 있는 것 같습니다. 미국법은 증여자가 기준이므로 미국 시민권자가 증여시 미국 정부에 증여세 납세의무가 있습니다. 다만 2024년 기준 1,361만 달러에 달하는 증여세 면제 혜택을 누릴 수 있기 때문에 납세의무가 있다 하더라도 증여재산이 그에 해당되지 않는다면, 실제 납세의무는 없습니다.

저자소개

✻
김상훈 한국변호사

| 학력 |
고려대학교 법과대학 졸업
고려대학교 대학원 법학석사 (친족상속법 전공)
고려대학교 대학원 법학박사 (친족상속법 전공)
미국 University of Southern California Law School (LL.M.)

| 경력 |
제43회 사법시험 합격 (사법연수원 33기)
법무법인 (유한) 바른 소속변호사, 파트너 변호사
서울대, 고려대, 성균관대 법학전문대학원 겸임 교수
법무부 상속법, 가사소송법, 공익신탁법 개정위원회 위원
대한변호사협회 성년후견연구위원회 위원
서울지방변호사회 변호사의무연수 강사 (상속법)
(현) 한국상속신탁학회 회장
(현) 한국가족법학회, 한국신탁학회 이사
(현) 서강대학교 공공인재연계전공 겸임 교수 (세법)
(현) 법무법인 트리니티 대표 변호사

| 수상내역 |
고려대학교 안암강의상 수상
영국 Chambers HNW 가이드 Private Wealth Law 분야 Band1 선정
대한변호사협회 우수변호사상 수상
리걸타임즈 송무분야 (가사·상속) Leading Lawyers 선정
리걸타임즈 올해의 변호사상 (Lawyers of the Year) 수상
한국경제신문사 베스트필진상 (Best Moneyist) 수상

| 저서 |
가족법강의 제4판 (세창출판사, 2023)
상속법판례연구 (세창출판사, 2020)
미국상속법 (American Wills and Trusts) (세창출판사, 2012)

*

박유진 미국변호사

U.S. Attorney (캘리포니아주, 2008년~), Juris Doctor
U.S. District Courts, Central District of California 등록 변호사 (2008년~)
[전문분야] 상속법·가업승계·상속절세플래닝
(Estate Planning·Business Succession·Estate Tax Planning)

(현) Han & Park Law Group (U.S. California) 대표 변호사
(현) U.S. Gospel Broadcasting Company 법률자문방송 고정출연 (미국 상속법)
(현) U.S. Estate Planning Seminar 연사 (미국 상속법)로 매해 10회 이상 강연
(현) LA County Bar Association 소속 (상속법 전문)

*

박하얀 미국변호사

U.S. Attorney (캘리포니아주, 2008년~), Juris Doctor
U.S. District Courts, Central District of California 등록 변호사 (2009년~)
[전문분야] 회사법·상속법 (Business Succession·Estate Planning)

(현) Han & Park Law Group (U.S. California) 파트너 변호사
(현) 한 앤 박 법률그룹 외국법자문법률사무소 (Korea) 대표 변호사
(현) U.S. Korea Daily 칼럼니스트 (미국 상속법)
(현) U.S. Morning News 칼럼니스트 (미국 상속법)
(현) 한림대학교 미국법학과 겸임 교수